U0943846

YINGYONGXIEZUO

应用写作

下册

主　编　曹丽娟
副主编　叶黔达　廖　华
编　者　叶黔达　周玉成　曹丽娟　游功惠　廖　华

四川人民出版社

图书在版编目（CIP）数据

应用写作：全2册／曹丽娟主编．—3版．—成都：四川人民出版社，2017.3

ISBN 978-7-220-10031-4

Ⅰ.①应…　Ⅱ.①曹…　Ⅲ.①汉语—应用文—写作
Ⅳ.①H152.3

中国版本图书馆CIP数据核字（2017）第001089号

YINGYONG XIEZUO

应用写作（上、下册）

主　编　曹丽娟
副主编　叶黔达　廖　华

责任编辑	王定宇
装帧设计	戴雨虹
责任校对	蓝　海　梁　明
责任印制	王　俊　许　茜
出版发行	四川人民出版社（成都槐树街2号）
网　　址	http://www.scpph.com
E-mail	scrmcbs@sina.com
新浪微博	@四川人民出版社
微信公众号	四川人民出版社
发行部业务电话	（028）86259624　86259453
防盗版举报电话	（028）86259624
照　　排	四川胜翔数码印务设计有限公司
印　　刷	自贡市华华广告印务有限公司
成品尺寸	185mm×260mm
印　　张	41
字　　数	820千
版　　次	2017年3月第3版
印　　次	2017年3月第28次印刷
书　　号	ISBN 978-7-220-10031-4
定　　价	56.00元

目　录

第一章 应用写作概论

一、判断题 下列各项中，你认为正确的在后面括号内打“√”号，错误的打“×”号。

1. 文书可以分为公务文书和私人文书两大类。公务文书即是公文，私人文书就是私人应用文。（　　）

2. 凡应用文都能从文种上区分出是公文还是私人文书。（　　）

3.《××市人民政府关于加强环境保护工作的报告》是公文，属于应用文。（　　）

4. 通告、决定、启事、广告等都是公文。（　　）

5. 公文也像文艺作品一样，讲求“艺术的真实”。（　　）

6. 公文要辩证地反映客观事物的本质，注重本质的、全面的、真正的真实。（　　）

7. 命令、指示、通报都具有明法传令、指挥工作、联系公务、沟通信息、宣传教育、引导舆论、记录记载、以为凭据等作用。（　　）

8. 公文的文种，必须按照有关法律、法规和行政规章及其他有关规定选定，不能乱用文种。（　　）

9. 公文的撰写者要处理好个人与群体、与领导的关系，乐于奉献，甘当无名英雄。（　　）

10. 公文的特点是明确的工具性、客观的真实性和特定的程式性。（　　）

11. 正因为公文有规范的写作模式，因此公文写作只要掌握其格式就行了。（　　）

12. 根据涉密程度，可将公文分为秘密件、机密件和绝密件三类。（　　）

13.《××县人民政府关于开展财务、物价、税收大检查情况的报告》《××县教育局关于新建××示范中学的请示》是上行公文；《××县工商局关于请协助调查××公司经营情况的函》是平行公文；《四川省人民政府关于抓紧做好秋季粮油收购工作的通知》是下行公文。

（　　）

14．根据公文处理时限的要求，可将公文分为急件、特急件。（　　）

15．根据处理方式，可将收到的公文分为阅件（如《关于实施春蕾工程情况的报告》）和办件（如《关于拨款修复××文化馆的请示》）。（　　）

二、单项选择题　将正确答案的选项序号填入题目的括号内。

1．以实用为目的的写作就是（　　）。

A．写作　B．应用写作　C．公文写作　D．文艺创作

2．公文的基本特点、基本性质是（　　）。

A．明确的工具性　B．客观的真实性

C．特定的程式性　D．直接的实用性

3．公文写作的基本特点是（　　）。

A．写作活动的群体性　B．写作主体的服从性、被动性

C．写作过程的及时性　D．写作模式的规范性

4．公文的读者有（　　）。

A．广泛性　B．随意性

C．随意变化性　D．明确的限定性

三、多项选择题　将正确答案选项序号填入题目的括号内，错选、多选、少选均不给分。

1．要做到依法行文，必须做到（　　）。

A．依法确定发文机关和单位

B．公文内容要合法

C．公文的文种必须按有关法律、法规和行政规章及有关规定选定

D．履行法定程序与审批手续制发公文

E．格式要合法

2．下列文种中，属领导指导性公文的有（　　）。

A．指示　B．公告

C．决定　D．批复

E．议案

3．下列文种中，属呈报性公文的有（　　）。

A．决议　B．请示

C．通告　D．报告

E．会议纪要

4. 下列文种中，属公布性文书的有（　　）。

A. 公报　　B. 意见

C. 公约　　D. 公告

E. 通告

5. 下列文种中，属会议文书的有（　　）。

A. 会议报告　　B. 报告

C. 贺信　　D. 提案

E. 可行性分析报告

6. 公文特定的程式性，包括（　　）。

A. 规定的文种　　B. 惯用的体式

C. 约定俗成的语言习惯　　D. 规定的公文处理程序

E. 规范化的行文格式

7. 下列标题中，正确的是（　　）。

A. ××县人民政府关于加强农田基本建设的决议

B. ××市人民政府关于尽快解决贫困山区交通问题的决定

C. ××县第十届人大三次会议关于加速绿化全县的决议

D. ××市人大常委会关于加强上市猪肉卫生质量管理的决定

E. 中共成都市第八届十一次全委会关于学习贯彻党的十八大精神的决议

8. 下列稿本中，具有法定效用的有（　　）。

A. 中共××省委组织部、省人事厅以×人发〔2016〕26 号文发出的《关于 2016 年省级机关考试录用国家公务员的实施意见》

B. ××市农业局已经局长签发的《关于切实抓好大春备耕工作的通知》稿

C. ××市物价局送市政府审批的《关于糖酒会期间宾馆饭店必须严格执行物价政策的通知》（代拟稿）

D. 秘书王××受命起草的《关于召开各市（县）、区工商局长会议的通知》稿

E.《××日报》新闻稿中摘编的《××省人民政府关于加强交通运输安全工作的通知》

9. 下列文种中，属下行公文的有（　　）。

A. 命令　　B. 函

C. 指示　　D. 请示

E. 批复

四、填空题 在下面各题空格横线上，填入恰当的内容。

1. 要确定是不是公文，不能只从____________上断定，必须从____________上断定。

2. 公文是____________在____________时所使用的文书。

3. 私人文书是________________所使用的文书。

4. 既可作公文又可作私人文书的文种有__________、__________和__________；只可作公文的文种有____________、____________和____________；只可作私人文书的文种有____________、____________和____________。（各任举三种）

五、简答题

1. 在办文工作中，如何才能做好协调工作？

2. 怎样理解公文写作中的平衡手法？

3. 怎样理解公文写作中接受对象的求尊心理？

4. 公文受者的接受心理包括哪几方面？

六、阅读分析题

《成都商报》发起了征集“文明警示语”活动，评选出“红花喜人，手上留情；绿草青青，脚下让步”“您留我一片洁净的天空，我还您一个健康的身体”“互谅互让，道路通畅；利人利己，你来我往”等十佳文明警示语。试从公文写作考虑受文对象接受心理的角度，分析这类警示标语的特点。

公文写作主体的修养和能力

一、单项选择题

1. 公文写作的主体应是（　　）人才。

A. 专门型　B. 专用型　C. 实用型　D. 通才型

2. 在公文写作主体的智能结构中，（　　）是核心要素。

A. 智力　B. 知识　C. 能力　D. 表达

3. 公文写作质量的高低，由公文写作主体的（　　）决定。

A. 知识　B. 修养

C. 能力　D. 修养和能力

二、多项选择题

1. 公文写作主体必须具备（　　）的知识。

A. 广博　B. 必需

C. 够用　D. 外交

E. 军事

2. 思维能力是人对客观世界的认识能力，它是以（　　）为基础，又将其综合，加以深化。

A. 表达　B. 观察

C. 注意　D. 记忆

E. 想象

3. 公文写作主体的修养和能力主要包括（　　）。

A. 政治修养　B. 知识结构

C. 书法理论　D. 智能修养

E. 外事接待

4. 公文写作主体的智力包括（　　）。

A. 观察力　　B. 记忆力

C. 想象力　　D. 思维力

E. 注意力

5. 公文写作主体表达能力的具体要求是（　　）。

A. 准确　　B. 优美

C. 简洁　　D. 迅速

E. 得体

6. 公文的写作主体除了必须了解我国（　　）之外，还需要掌握所在行业和机关的业务知识，以及办公厅（室）的业务知识。

A. 国情　　B. 省情

C. 市情　　D. 厂情

E. 校情

7. 公文写作主体知识结构的中间知识层，包括（　　）。

A. 经济学知识　　B. 软科学知识

C. 社会交往知识　　D. 自然科学知识

E. 心理学知识

8. 制作公文时，在文字表达上，要（　　）。

A. 准确无误　　B. 平易通俗

C. 言简意赅　　D. 虚构

E. 含蓄曲折

9. 能力是人们在实践中高效率完成一定活动的本领，它具有（　　）。

A. 实践性　　B. 综合性

C. 专业性　　D. 创造性

E. 稳定性

10. 在公文写作主体的智能结构中，最重要的是（　　）。

A. 采集能力　　B. 编辑能力

C. 思维能力　　D. 翻译能力

E. 表达能力

三、填空题

1. 公文写作质量的高低，由公文写作主体的____________和____________决定。

2. 公文主体的知识结构一般包括____________、____________和____________。

3. 办公厅（室）业务知识包括__________、__________、__________、__________、__________、__________、__________和办公设备的使用知识等。

4. 在公文写作主体的智能结构中，最重要的是__________、__________和__________。

5. 思维能力是人对客观世界的认识能力，它以__________、__________、__________、__________为基础，又将之__________，使之深化。

6. 思维，是把感觉、知觉加以__________、__________、__________、__________或__________。或者是利用概念进行__________、__________。

7. 表达能力是人们运用__________、__________、__________等来表现客观事物或主观感受的能力。

四、简答题

1. 公文写作主体的政治修养有哪些具体表现？
2. 公文写作主体的知识结构包括哪几个层次？
3. 公文写作的表达能力有何要求？

第三章 公文写作中的思维

一、判断题

1. 公文写作完全采用逻辑思维的思维形式。（ ）

2. 公文写作对语言的要求远不如文艺创作高。（ ）

3. 文艺创作以个体思维为主，公文写作则注重群体思维。（ ）

4. 公文写作以定向思维为主，而文艺创作更注重发散思维。（ ）

5. 定性分析注重对事物质的断定，定量分析注重对事物量的判定。公文写作中，要尽可能将定性分析与定量分析结合使用。（ ）

6. 运用递进思维有助于深入阐释某些比较复杂的事理，说明某些比较复杂的关系，深刻认识事物本质，使文章有一定深度。（ ）

7. 公文写作中，较多采用由因及果的写法。（ ）

8. 在公文写作中，经常使用完全归纳法。（ ）

二、多项选择题

1. 公文主要是沿（ ）展开思路。

A. 时空线　B. 逻辑线　C. 情感线　D. 意识流线　E. 情节线

2. 公文常用思路包括（ ）。

A. 归纳和演绎思路　B. 总分思路

C. 因果思路　D. 比较思路　E. 递进思路

3. 分类标准一致，就会使分出的各类事物具有（ ）。

A. 交叉关系　B. 并列关系　C. 重叠关系　D. 对立关系　E. 矛盾关系

三、思考与讨论题

1. 试分析比较公文写作与文艺创作不同的思维特点。

2. 公文写作中，怎样促进被动思维向主动思维的转化？

3. 试比较公文与文艺作品的思路不同之处。

四、阅读分析题

1. 简要分析本书（上册）第140页“通知”一节中《四川省人民政府办公厅关于深刻汲取事故灾害教训进一步做好汛期安全生产工作的紧急通知》一文的思路。

2. 简要分析本书（上册）第150页“通报”一节中《国务院办公厅关于第一次全国政府网站普查情况的通报》一文的思路。

3. 下面是修改后的《××县人民政府××××年工作总结》的提纲，请列出其思路走向。

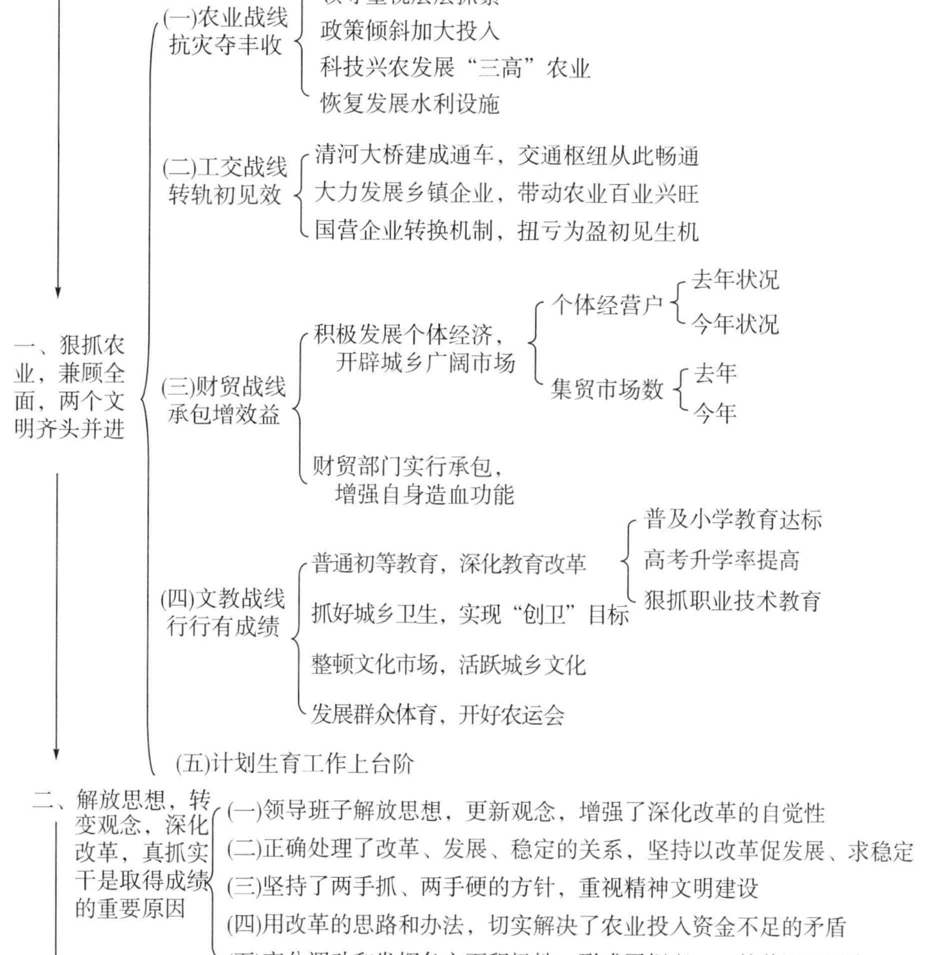

第四章 公文的撰写

一、判断题

1. 一般性公文稿大多采用领导个人交拟的方式。 （　　）
2. 工作报告、重要的决定等重要公文稿一般也采用领导个人交拟的方式。 （　　）
3. 撰稿人面对面地接受领导的交拟叫间接承拟。 （　　）
4. 机关日常发文办理例行公事和处理一般公务事项多半采用口头交拟的方式。 （　　）
5. 公文的主旨是否正确，关系着公文的生命。 （　　）
6. 公文写作是一种遵命行为。 （　　）
7. 公文的材料可分事实材料和理论材料。 （　　）
8. 起草，又称拟稿、撰文。 （　　）
9. 一般篇幅较长、内容较复杂的公文，都不用先草拟提纲。 （　　）
10. 草拟提纲可粗可细。 （　　）

二、单项选择题

1. 公文主旨的鲜明，是指观点（　　）。

A. 直白、显露　　B. 内容单一

C. 一文一旨　　D. 主题集中

2. 按事物的不同方向或不同类别来排列的结构方式是（　　）。

A. 横向展开　　B. 因果排列　　C. 递进式　　D. 直叙式

3. （　　）是一种辐射式展开的层次。

A. 横向展开　　B. 因果式　　C. 总提分承　　D. 直叙式

4. 按事理的顺序或对事理的认识过程来安排层次叫（　　）。

A. 横向展开　　B. 因果式　　C. 总提分承　　D. 递进式

5. 按时间推移意义来排列层次的方式叫（　　）。

A. 横向展开　　B. 纵横交叉

C. 总提分承　　D. 纵向推进

三、多项选择题

1. 领导向撰稿人员下达拟稿任务时，一定要向他们交代清楚写作的（　　）。

A. 目的　　B. 背景

C. 要点　　D. 要求

E. 参考材料

2. 从交拟的形式看，有（　　）。

A. 直接交拟　　B. 间接交拟

C. 口头交拟　　D. 书面交拟

E. 多次性交拟

3. 对主旨的要求是（　　）。

A. 正确　　B. 鲜明

C. 生动　　D. 形象

E. 集中

4. 公文主旨的显示方法主要有（　　）。

A. 标题点旨　　B. 开宗托旨

C. 篇末点旨　　D. 呼应显旨

E. 转换揭旨

5.（　　）是事实材料。

A. 人物　　B. 事件

C. 经典著作　　D. 数据

E. 文件

6. 公文的标题要做到（　　）。

A. 中肯　　B. 切题

C. 简明　　D. 醒目

E. 得体

7. 在公文正文的写作中，划分段落的原则是（　　）。

A. 独立　　B. 完整

C. 有序　　D. 单一

E. 合理

四、填空题

1. 领导向撰写公文的人员布置________任务，交代________、________和________，叫交拟。这一行为是公文写作中的________，是公文写作质量的________，必须予以________。

2. 从撰稿者的角度看，有________和________两种方式；从交拟的形式看，有________和________。

3. 公文的主旨一般由________和________两部分内容组成。

4. 公文的材料，是指为了写作公文而采集的，用以提炼、确立、表现写作主旨的________与________。

5. 公文的材料是提出问题的________，形成主旨的________，又是表述观点的________。

6. 通常的三种标题方式是________、________、________。

7. 公文常用的开头方式有________、________、________、________、________、________、________。

8. 常见的照应方式有________、________、________。

9. 层次是作者在表述主旨过程中形成的相对完整、相对独立的________和________，通常称________，它是作者思路的________和公文内容阶段性的________。

10. 纵向推进式主要包括________、________和________。

五、简答题

1. 简述交拟的注意事项。

2. 公文主旨的显示方法有哪些？

3. 撰写公文选择材料的标准有哪些？

4. 公文常见的基本结构方式有哪些？

5. 试述公文的结构原则和要求。

六、阅读分析题

1. 下面是公文的几段开头，请根据题后的提示答案判断它们各属哪一种开头方式。

（1）2015年，全市检察机关在市委和上级检察机关的领导、人大及其常委会的监督、人民政府的支持和人民政协的民主监督下，深入贯彻党的十八大，十八届三中、四中、五中全会和习近平总书记系列重要讲话精神，紧紧围绕协调推进“四个全面”战略布局和市委“2365”战略部署，坚持以法治为引领，以司法办案为中心，以规范司法为抓手，以队伍建设为根本，忠实履职、敢于担当、奋发进取，各项检察工作取得了新成效。

（属________开头）

（2）近年来，全市酒类生产发展很快，已登记发照的社办酒厂有 37 个，国营酒厂 12 个。去年生产白酒 4200 吨，酒类生产已处于饱和状态。目前申办酒厂的单位还在增加，特别是乡镇、个体户要求办厂的多。个别的未经申请办理执照，擅自开业；部分酒厂在质量上也未达到要求。为了使酒类生产健康发展，根据国家工商行政管理总局令第 63 号公布的《中华人民共和国企业法人登记管理条例施行细则》的有关规定，特提出如下请示。

（属________开头）

（3）根据省人民政府侨务办公室、省统计局、省财政厅《关于××省首次侨情普查的通知》精神，为进一步做好我市侨务工作和对台工作，把侨、台工作重点转移到为经济建设服务上来，促进我市对外开放和外向型经济的发展，现确定在全市开展侨、台情况普查工作。

（属________开头）

（4）你们《关于授权采取“BOT＋政府股权合作”模式建设巴中至万源高速公路的请示》（巴府〔2016〕56 号）收悉。经省政府领导同志同意，现将有关事宜函复如下。

（属________开头）

☆答案提示：

①概述情况式的开头②说明根据式的开头

③介绍目的式的开头④交代原因式的开头

⑤阐明观点式的开头⑥表明态度式的开头

⑦引述来文式的开头⑧提出问题式的开头

2．下面是公文的几段结尾，请根据题后的提示答案判断它们各属哪一种结尾式。

（1）正确处理医疗事故是保障病员和医务人员合法权益，维护医院工作秩序和社会治安的一项重要工作。望各级人民政府加强对这项工作的领导，督促卫生部门加强对医务人员的医德教育和业务技术训练，积极预防事故的发生；督促有关部门相互配合，协同做好医疗事故的处理工作。同时，对无理取闹而影响医院工作秩序的人，也要严肃认真处理，以维护安定团结，保障医院工作的正常进行。

（属________结尾式）

（2）以上意见如无不妥，请批转各地执行。

（属________结尾式）

（3）希望各级人民政府加强领导，结合实际情况作出规划，切实办好职业技术教育，使这一工作出现新局面。

（属________结尾式）

（4）到会同志一致表示，试点城市作为改革的先行者，必须加强党的领导，做好思想政治工作，统一和提高各方面的认识，勇于克服因循守旧思想和传统观念，满腔热情地支持干部和群众的创新精神，从实际出发，精心研究改革中出现的新情况、新问题，努力做到方向准、决心大、路子顺、效果好。

（属________结尾式）

☆答案提示：

①强调式结尾②请示式结尾

③总结式结尾④希望号召式结尾

⑤补充式结尾⑥祝贺慰问式结尾

⑦专门结尾用语式结尾

3. 请找出下面各段的段旨句。

（1）城市居民最低生活保障制度实行地方各级人民政府负责制。县级以上地方各级人民政府民政部门具体负责本行政区域内城市居民最低生活保障的管理工作；财政部门按照规定落实城市居民最低生活保障资金；统计、物价、审计、劳动保障和人事等部门分工负责，在各自的职责范围内负责城市居民最低生活保障的有关工作。

（2）为了实现我国“四化”建设大业，使全国人民早日富裕起来，除了努力增产节约外，还必须反对铺张浪费。因为我国不仅是一个人口众多的大国，同时，又是一个发展中的国家，这就需要我们不断发扬艰苦奋斗、勤俭建国、勤俭办一切事业的革命精神，努力奋斗几十年，甚至上百年才能富裕起来。决不能因为近几年，特别是改革开放以来，人们生活有了改善，手头有了钱，银行有存款，生活就大手大脚起来。甚至有些干部受社会上消极腐败现象的影响，思想腐化堕落，工作不负责任，滋长官僚主义、主观主义，铺张浪费更趋于严重，甚至达到了不可想象的惊人程度。粮食、建材、能源、公款、人才、医药、时间、劳动、土地等方面的浪费尤为突出。特别是前三项（粮食、建材、能源）的浪费，每年给国家造成的损失竟高达数百亿。

（3）应当看到，在对外经济开放中，我们也干了不少蠢事。如购买了116条彩电装配线，等于西欧经济共同体几个国家总和的5倍，而元器件供应能力和年产量只有100万台，不及生产设备能力的一半，也就是说有一半以上是多余的不必要的。其他如收音机装配线、电冰箱装配线、塑料渣纸生产线、席梦思生产线、铝压延加工生产线……也都超饱和地购买。其实装配线并不是什么先进技术，而是发达国家淘汰下来的，其技术也不难，可以在国内自己生产制造，不必进口。1990 年福建莆田市就向菲律宾出口一条电视机装配线。大量购买各种装配线、生产线，洋机还要喂“洋米”。要进口各种原材料、元器件，更加依赖外国，不少产品又不能出口，与对外经济开放的原则背道而驰。

4. 阅读下面各段文章，请归纳出各段旨意。

（1）请看一组数字。从 20 世纪初到 70 年代中期，全世界农业用水增长 7 倍，而工业用水量增长 20 倍。目前，已有 63 个国家和地区面临缺水危机。我国是一个淡水资源贫乏的国家，人均淡水占有量只有 2700 吨，只及世界平均水平的 1/4，居世界第 84 位。我国淡水资源的分布与人口和耕地的分布是不相适应的，80％集中在长江以南，所以，有一个南水北调的任务。因此，从全局出发，我们必须十分重视长江水源的涵养和保护。

（2）大中型企业中的技术人员绝大多数是新中国成立以后培养出来的，他们热爱社会主义祖国，热爱技术，但是由于管理技术和技术信息工作没有很好配合，科学技术工作没有发挥应有的效益。譬如新技术不能及时采纳，所以不能保证产品质量，产品也不能与市场的需求相结合，及时更新。再譬如技术工作人员年老退离休的多，转干的多，干活的大多是新培养的专家，大部分操作技术不如老工人，特别是没有老工人当家做主的思想。要大力宣传工人当家做主的思想品德，树立革命风尚，才能保证质量。

（3）反腐败斗争涉及面较广，特别是行业不正之风，几乎侵蚀到各行各业以及这些行业的许多方面。因此要抓好面上的思想教育，从根本上提高干部队伍的素质，坚决制止以手中的职和权谋利的歪风，大力发扬全心全意为人民服务的精神，表彰为国家、集体、社会作出奉献的优秀人物，切忌鼓吹“一切向钱看”。要大力加强思想道德教育，特别是职业道德教育，树立良好的社会风尚，清理产生不正之风的社会环境条件。

5. 阅读下面一段文字，按后面的要求做题。

反腐败必须依靠人民群众，这是党的群众路线所决定的，也是我们反腐败的一条成功经验。但我国国民的总体素质仍然偏低，这严重影响了他们参与国家和社会生活的能力和程度，不利于群众性监督和制约。只有加强精神文明建设，人民群众的思想文化素质提高了，参政议政的能力提高了，民主监督的意识增强了，才能更好更有效地对党员、干部实施监督，真正把中共中央提出的切实依靠群众反腐败的方针政策落到实处。

（1）这段文字分为几层意思，在原文中用“‖”分隔开来。

（2）这段文字提出的基本观点是什么？

6. 阅读下面这篇公文，完成后面的练习。

各市（州）人民政府，省政府有关部门、有关直属机构，有关单位：

快递业是现代服务业的重要组成部分，是推动流通方式转型、促进消费升级的现代化先导性产业。为深入贯彻落实《国务院关于促进快递业发展的若干意见》（国发〔2015〕61号），推动快递业供给侧结构性改革，营造有利于快递业发展的良好环境，发挥快递业在降低流通成本、支撑电子商务、服务生产生活、扩大就业渠道等方面的作用，现结合我省实际，提出以下实施意见。

①________________

到2020年，全省年快递业务量超过11亿件，年业务收入超过130亿元，省内重点县级以上城市间和全国重点城市间的快件实现48小时内送达，快递服务实现乡镇覆盖率100%，行政村快递通达率90%，新增就业岗位约10万个，基本建成普惠城乡、技术先进、服务优质、安全高效、绿色节能的快递服务体系，形成覆盖全川、联通国内、畅达国际的快递服务网络，将我省建成西部最大快递物流中心和连接“一带一路”、长江经济带最便捷的快递服务中心。

②________________

（一）培育壮大快递企业。从落地优惠、航线时刻、运输集散补贴和加强服务等方面，支持国内、国际快递企业总部、区域总部、服务功能设施在我省布局，引导快递企业通过直营延伸、股份制改造等途径实施兼并、联合、重组，实现规模化、专业化发展，重点培育3家以上年业务收入30亿元以上具有较强竞争力的骨干快递企业。（责任单位：省邮政管理局、省政府口岸物流办、省发展改革委、商务厅。列首位的为牵头单位，下同。）

（二）建设快递物流园区。（略）

（三）推进“互联网+”快递。（略）

（四）完善快递服务网络。（略）

（五）衔接综合交通体系。（略）

（六）加强行业安全监管。（略）

③保障措施（略）

④________________

充分发挥省现代物流业推进小组作用，强化对快递业发展的统筹、协调和规划等。各地、各有关部门（单位）要认真落实本实施意见提出的各项任务，省政府口岸物流办、交通运输厅、省发展改革委、省邮政管理局要会同有关部门加强对本实施意见落实工作的跟踪了解、督促检查。各地要建立健全快递业发展工作机制，制定工作措施，安排发展资金，进一步推动快递业健康快速发展。

四川省人民政府

2016 年 7 月 19 日

（1）拟写这篇公文的标题，填写在文中标题的横线上。

（2）在正文序号①、②、④后的横线上各拟一个适当的小标题。

（3）用框图标出该公文正文的基本结构。

第五章 公文的语言表达

一、判断题

1. 公文是党政机关、企事业单位、社会团体在公务活动中为行使职权、实施管理而制发的具有法定效用和规范体式的文书，它在语言表达上表现出应用语体风格。 （ ）

2. 公文受写作目的的约束，常选用的表达方式有：说明、叙述、议论、描写。 （ ）

3. 公文的比较说明常与数字说明同时使用，数字反映的量的变化可以将客观事物的变化过程具体细致地反映出来。 （ ）

4. 公文多采用概括叙述，较少选用具体叙述。叙述时力求简明，只叙述与文章主旨、说明问题有直接关系的部分。 （ ）

5. 公文在议论时，常采用夹叙夹议、论说结合的方式。在阐述某一观点时，要详细写明推理环节，不能简化论证过程。 （ ）

6. 汉语词汇多含有感情色彩，有褒义，有贬义的，还有中性词，遣词造句要根据语境准确措辞。 （ ）

7. 公文中的模糊语言，有时具备了明确的定向性和概括的灵活性。 （ ）

8. 倍数多用于表示数量的增加，也能用于表示数量的减少。如原来是800，现在是400，就可以表述成减少了2倍。 （ ）

9. 番数多用于数量的增加，不用于数量的减少。 （ ）

10. 凡是“增加”“提高”“上升”“扩大”后面常带“到”“为”“至”的，均包括原底数。 （ ）

11. “要为乡镇企业的发展开‘绿灯’。继续实行‘蓄水养鱼’‘养鸡下蛋’的扶植政策和优惠措施。”使用的修辞手法是比喻。 （ ）

12.《关于职工医疗保障制度改革扩大试点的意见》这一标题中语序不当，流露出“职工医疗保障制度改革”在“扩大试点”的意见，正确的语序应是“关于扩大职工医疗保障制度改革试点的意见”。（　　）

二、单项选择题

1.《2016 年上半年中国国际收支报告》显示，上半年我国跨境资本流出压力有所缓解。《报告》显示，上半年资本和金融账户（不含储备资产）逆差 1723 亿美元，一、二季度逆差分别为 1234 亿美元和 488 亿美元。上半年经常账户顺差 1035 亿美元，较上年同期下降 40%，与 GDP 之比为 2.0%，同比下降 1.3 个百分点，仍处于合理均衡水平。

这段文字使用的说明方式是（　　）。

A. 数字说明　　B. 分类说明

C. 数字说明和比较说明　　D. 举例说明

2. 道德教育最有效的方式是真诚。孟子早就讲到过这一点。他说：“诚者，天之道也；思诚者，人之道也。至诚而不动者，未之有也；不诚，未有能动者也。”只有真诚而不是做戏，才能使教育者与受教育者之间形成道德情感与道德信念上的共鸣。而现代道德教育最大的误区是受教育者与教育者之间缺乏真诚的交流。一面是振振有词的官话套话，一面是装模作样的“雷厉风行”（缺乏信念投入），双方似乎都是让对方“听”，让对方“看”的。结果使道德教育与道德一样，成为一种外在的功利价值，而不是圆满自足的内在价值。古人说得好，“德者，得也，有得于己是谓有德。”道德之谓道德，就在于它是一种真诚的自觉的向善，而不是“修其天爵以要人爵”的虚伪手段。现代道德的说教式，是导致现代道德教育扭曲变形的一个根本因素。

这段文字使用的论证方式是（　　）。

A. 例证法　　B. 对比法　　C. 因果法　　D. 引证法

3. 公文的叙述讲究平直，叙述的人称也比较单一，以便简洁明了地说明问题，方便读者领会、接受，因此，叙述时多选用的方式是（　　）。

A. 顺叙　　B. 倒叙

C. 插叙　　D. 倒叙与顺叙相结合

4. 公文的议论常采用多种表达方式综合运用，在有限的篇幅中，扩大信息容量，增强表达效果。公文议论时最常选用（　　）。

A. 议论与说明相结合　　B. 议论与叙述相结合

C. 议论与描写相结合　　D. 只做正面论述

5. 将“第十三个五年规划”称为“十三五规划”所用的修辞方式是（　　）。

A. 数概　　B. 借喻　　C. 简缩　　D. 借代

6. 最准确地体现我党的干部政策的一句是（　　）。

A. 各级党组织要积极发现、提拔、信任、培养中青年干部

B. 各级党组织要积极信任、培养、发现、提拔中青年干部

C. 各级党组织要积极发现、培养、提拔、信任中青年干部

D. 各级党组织要积极培养、发现、提拔、信任中青年干部

三、多项选择题

1. 公文在使用说明这种表达方式时，十分强调（　　）。

A. 说明的客观性　　B. 内容的科学性

C. 说明的明确性　　D. 语言的准确性

E. 说明的形象性

2. 公文在议论时，讲究引证要（　　）。

A. 正确　　B. 完整、准确

C. 不能断章取义　　D. 根据需要节选部分

E. 围绕全文中心来确定引证

3. 公文有极强的法规、政策性和指导作用，它的语言要求是（　　）。

A. 准确、得体　　B. 准确、生动

C. 易懂、规范　　D. 简洁、质朴

E. 朴实、精练

4. 公文常用的修辞手法是（　　）。

A. 比喻、引用、数概　　B. 引用、渲染、排比

C. 夸张、排比、简缩　　D. 排比、设问、简缩

E. 设问、象征、数概

5. 国有企业的改革自 1987 年以来，大体经历了 1984 年以前的“放权让利”，1984—1986 年的“利改税”，1987—1991 年的“承包经营责任制”和 1992 年开始的“转换经营机制”“建立现代企业制度”四个阶段。总体来讲，改革开放后中国一直秉持着国退民进的政策，以图拯救国有企业的“病身子”，虽然起步晚，但还算是走得稳健和快速。

这段文字使用的表达方式和修辞手法是（　　）。

A. 顺叙　　B. 夹叙夹议

C. 数概、比喻　　D. 比喻、简缩

E. 说明、叙述

6. 模糊语言语义的交叉互渗，往往能收到特殊的修辞效果。如：要坚持“菜篮

子”市长负责制，“米袋子”省长负责制。国有和合作流通企业要通过改革，在调节市场和平抑物价中积极发挥主渠道作用。

这段文字使用的修辞手法是（　　）。

A. 引用　　B. 比拟

C. 借代　　D. 比喻

E. 简缩

四、填空题

1. 表达方式是运用语言来介绍情况、阐述观点、表达情感的具体方式，常用的方式有________、________、________、________和________。

2. 叙述在写作中使用频率最高，是最基本的表达方式。叙述可分为________、________、________等。使用________可使行文条理分明，易于读者理解，符合人们的认知规律，是公文中较常见的叙述方法。

3. 举例说明有两种情形，一种是________，另一种是________。

4. 模糊语言是________不确定，________无定指的弹性语言。它的特点是具有________性。

5. 公文行文要求合乎语法规范，即要求句子成分________，句子成分搭配________，词序合理，表意准确。

6. 公文________词语是在长期工作实践中约定俗成的相对固定的。公文中使用的一些文言词语，可使公文语言________，语体________，典雅。

7. 把多音节的词语或短句，简缩成较少音节的词语的方式叫____________。如中国共产党纪律检查委员会可称为____________。

8. 公文语言____________是指用平实的语言，直截了当的叙述方式，深入浅出，直奔主题，明确具体。如选用词语时，多用词语的____________，直言义；选用句式多为平直的________句。

9.《党政机关公文处理条例》规定：“公文使用的汉字、数字、外文字符、计量单位和标点符号等，按照有关____________和规定执行。民族自治地方的公文，可以并用汉字和当地通用的少数民族文字。”

10. 公文中表达概数（约数）时，常在数字后面带上________、________、________、以下等。在数字前面写上________、________、________等字词。

11. 公文在写作中常运用修辞手法。数概又叫统括，是把有相同词语的联合短语或短句中的相同词语概括起来，用数字相同的形式组成新的词语的一种修辞方法。如“两学一做”“四讲四有”“三好学生”等。由于数概是特指，所以在文章标题中要标注

________号。

12. 公文中使用比喻时，主要用________，极少用暗喻和明喻，使用时，一般用引号标示，以示强调和区别。如“走后门”“堵漏洞”。

五、改病句

1. 在长春市公安局南关分局召开的分赃大会上，民警现场将在“打盗骗保民安”冬季治安攻势中破案收缴的赃款赃物返还被害人，失而复得的贵重物品让失主十分感激，特意制作了锦旗感谢好民警。

2. 厂里收到《关于举办质量检查科（股）长培训的通知》一文，派张员同志 3 月 15 日前去参加培训。

3. 对纪律松弛现象，经过贯彻中央有关文件，有了显著改变。

4. 组织行为学，对我们青年秘书工作者是陌生的。

5. 全公司 2014 年利润为 1800 万元，2015 年利润为 1200 万元，2015 年利润比 2014 年下降了 1.33 倍。

6. 在座谈会上，你谈科学管理的体会，我讲深化改革的步骤，使我深受教育和启发。

7. 峨眉山市的矿泉水的主要消费者是前来旅游的港澳台的同胞、华人和外国人。

8. 应聘的外国专家的工资，一般应高于或维持试用期工资而不低于试用期的工资。

9. 年终，某分公司对上级规定的任务已基本上差不多全部完成了。

10. 湖北省总工会关于表彰湖北五一劳动奖状、湖北五一劳动奖章和湖北省工人先锋号的决定。

11. 领导们严肃地研究了这个问题，提出了处理意见。

六、阅读分析题

对下面的文章，就语言表达上的特点作简要分析。

1. 中华人民共和国和俄罗斯联邦联合声明（部分）

今年是双方宣布发展平等信任、面向21世纪的战略协作伙伴关系20周年，也是《中华人民共和国和俄罗斯联邦睦邻友好合作条约》签署15周年。

条约汲取中俄两国数百年来交往的积极经验，基于公认的国际法原则和准则，已成为当代中俄关系的国际法基础，充分体现了中俄两国人民睦邻友好的深厚历史传统和两国热爱和平的对外政策。

条约确定的中俄关系模式——平等信任的战略协作伙伴关系，在过去15年来具备了真正的全面性，至今仍具有现实意义。

条约不仅总结了截至本世纪初的中俄关系发展成果，还为两国关系持续全面发展指明了道路。双方正在落实条约实施纲要。

在条约基础上形成了双边关系的主要原则，并经受住了时间的检验。中俄关系建立的基础是非意识形态化，平等，互信，相互承认领土完整，尊重彼此利益，尊重对方选择社会制度和发展道路的主权权利，互不干涉内政，在涉及主权、安全、发展等核心问题上相互支持，全面互利合作，摒弃对抗。中俄关系不具有结盟性质，不针对第三国。

条约及其实践具有重要的国际效应，向世界展示了两个大国之间构建和谐、建设性、平等信任、互利共赢关系的典范。建立在条约基础上的中俄外交战略协作在国际关系中占有重要分量，促进了公正合理的世界多极秩序的形成和国际关系民主化。（来源：新华社）

2. 2016 年 1—8 月份全国商品房销售和待售情况

1—8 月份，商品房销售面积 87451 万平方米，同比增长 25.5%，增速比 1—7 月份回落 0.9 个百分点。其中，住宅销售面积增长 25.6%，办公楼销售面积增长 35.3%，商业营业用房销售面积增长 17.4%。商品房销售额 66623 亿元，增长 38.7%，增速回落 1.1 个百分点。其中，住宅销售额增长 40.1%，办公楼销售额增长 56.1%，商业营业用房销售额增长 19.5%。

1—8 月份，东部地区商品房销售面积 42766 万平方米，同比增长 27.4%，增速比 1—7 月份回落 2.2 个百分点；销售额 42668 亿元，增长 44.7%，增速回落 2.4 个百分点。中部地区商品房销售面积 23883 万平方米，增长 31.7%，增速提高 1.1 个百分点；销售额 13249 亿元，增长 41.7%，增速提高 1.5 个百分点。西部地区商品房销售面积 20802 万平方米，增长 15.7%，增速回落 0.8 个百分点；销售额 10706 亿元，增长 16.3%，增速回落 0.2 个百分点。

8 月末，商品房待售面积 70870 万平方米，比 7 月末减少 512 万平方米。其中，住宅待售面积减少 639 万平方米，办公楼待售面积减少 2 万平方米，商业营业用房待售面积增加 54 万平方米。（来源：国家统计局）

机关常用公文

练习一　公文基础知识

一、判断题

1. 机关、团体、企事业单位及其内设机构、处、室都可以对外制发公文。（　　）

2. 凡重要的公文，都要在正本文头标明签发人姓名。（　　）

3. 联合行文的发文机关标志（版头）中，应将牵头、主办单位名称列在最前面。（　　）

4. 公文一律左侧装订。（　　）

5. 公文标题由发文机关、事由和文种三要素构成。（　　）

二、单项选择题

1. ××市公共汽车公司将改变 3 路汽车运行路线，拟行文将此事告诉公众，应使用的文种是（　　）。

A. 公告　　B. 通告

C. 通知　　D. 公报

2. ××市财政局拟行文请求该市公务员局批准录用×××等 5 人为国家公务员，应该使用的文种是（　　）。

A. 请示　　B. 报告

C. 函　　D. 请示报告

3. 下列发文字号中，正确的是（　　）。

A. 广教〔2016〕成字 20 号

B. 沙工商（2016）第 43 号

C. 金计生〔16〕第 015 号

D. 川人培〔2016〕28 号

4. 机关单位公文正本上的成文日期应写为（　　）。

A. 二〇一六年十月二十八日

B. 2016 年 10 月 28 日

C. 二〇一六年十月廿八日

D. 2016.10.28

三、多项选择题

1. 下列各项中，正确的有（　　）。

A. 上行文原则上只能有一个主送机关，不得多头主送，以便公文的办理

B. 普发性的下行文主送对象可使用泛称“各有关单位”

C. 必要时上报文件主送对象可以写为“市委并×书记”“市人民政府并×市长”之类

D. 所有文件都必须有主送机关单位

E. 主送机关也称为主送单位、主送对象，受文对象

2. 下列公文标题中，正确的有（　　）。

A. ××大学关于做好新生入学工作的通知

B. ××博物馆通告

C. ××镇人民政府请示

D. 关于召开全市防洪救灾工作会议的通知

E. ××市人民政府办公厅关于加强春运安全工作的紧急通知

3. 下列各项中，正确的有（　　）。

A. 抄送机关单位越多越好，以利公文的办理

B. 受双重领导的机关单位向其中一个上级机关行文，应抄送另一个上级机关

C. 上行文不得抄送下级机关

D. 凡越级上行文都要抄送被越过的上级机关、单位

E. 需要时，对上、对下抄送也可写为抄报、抄发

四、阅读分析题

1. 阅读下文，按文后要求做题。

红　石　乡　政　府　公　文①

金红（2016）18 号②

修建马岭至牛洞公路的报告③

马岭、五坪、中峰、牛洞是我乡的贫困村，总人口七千多。制约这四个村脱贫致富的主要原因之一是交通闭塞，致使经济、文化生活落后，盛产的桐籽、杉木、李子、桃子、板栗不能变成商品。据估算，这几项经济作物若能运出销售，即可使四村群众人均每年收入 500～600 元。广大群众强烈要求修公路，渴望早日脱贫，表示愿意有钱出钱，有物出物，有力出力。

经测算，拟修建的马岭至牛洞公路全长 27 公里，共需经费 65 万元，我乡已集资 25 万元，尚缺 40 万元。恳请县政府体谅我们的困难，拨款解决。此致敬礼！

附件：如文　④

金阳县红石乡人民政府

2016. 10. 21

报：县财政局、县交通局
送：马岭、五坪、中峰、牛洞村⑤

红石乡人民政府　　　　一九九九年十月二十一日印发

（1）把文中标注了①～⑤等序号的公文格式组成部分的名称，写在下面对应的序号后。

①　　　　　　②

③　　　　　　④

⑤

（2）文中有多处（不少于 10 处）格式和语言上的毛病，请一一指出。

练习二　决议、决定、命令（令）

一、判断题

1. 任何机关、单位、团体或者会议都可以使用决议、决定。（　　）

2. 决议常以第一或者第三人称口吻来写，可用“会议听取（讨论、审议）了”“我们决定”“会议指出（认为）”“我们号召（要求、希望）”等。（　　）

3. 会议决议既在标题下加括号注通过决议的会议名称及通过日期，又要在正文后标注落款。（　　）

4. 凡会议通过的决定，通常应在标题之下加括号签注通过决定的会议名称和通过时间。（　　）

5. 决议、决定通常要在正文前标明主送机关。（　　）

6. 所有机关、单位都可使用命令（令）。（　　）

二、单项选择题

1. 下列各项中正确的是（　　）。

A. ××县人民政府关于表彰全县绿化美化××大地先进集体和先进个人的决议

B. 中共××县委决议

C. ××市人民代表大会关于绿化全市的决定

D. ××党小组会议决定

2. 下列标题中正确的是（　　）。

A. ××县第十五届人民代表大会第五次会议决议

B. 会议决议

C. 决议

D. ××县第十五届人民代表大会第五次会议关于县人民政府工作报告的决议

3. 下列标题中正确的是（　　）。

A. ××省人民政府××军区关于授予××同志“爱国戍边楷模”称号的命令

B. ××化工厂关于加强安全生产切实查堵安全隐患的命令

C. 中共××省委命令

D. 命令

练习三 公报、公告、通告

一、判断题

1. 所有党政机关、团体、企事业单位，都可以使用公报、公告和通告。（ ）

2. 行政公报用于政府及有关职能机关公布重要情况，例如统计公报、环境监测公报等。（ ）

3. 通告是行政机关、企事业单位用于在一定范围内公布应当遵守或周知事项的周知性公文。（ ）

4. 通告可以分为周知性通告和规定性通告，前者一切单位均可使用，后者主要限政府行政机关和领导机构使用。（ ）

5. 公告、通告的标题有时可省略发文机关和事由，只写文种《公告》《通告》。（ ）

二、单项选择题

1. 公报与公告、通告相比较，更具（ ）。

A. 周知性　　B. 权威性

C. 广泛性　　D. 行政性

2. 下列通告标题中，正确的是（ ）。

A. 通告

B. ××县公路管理局通告

C. 前方修路车辆绕道运行

D. ××县公路管理局关于××路段车辆绕道运行的通告

3. 公告、通告的最大区别是（ ）不同。

A. 内容适用范围　　B. 制发单位

C. 发送对象　　D. 作用

三、多项选择题

1. 公报可根据不同类型、不同内容分别采用（ ）等结构形式。

A. 篇段合一式

B. 贯通式（多段式）

C. 总分条文式

D. 分部式

E. 图表式

2. 公告主要用于以下类型：（　　　）。

A. 向国内外宣布重要事项的公告

B. 公布法定事项的公告

C. 法院公告

D. 人大公告

E. 企业公告

3. 下列标题中错误的有（　　　）。

A. ××学校团委、学生会关于召开青年志愿者培训大会的公告

B. ××公司感恩回馈社会降价酬宾公告

C. ××演艺团义演公告

D. ××厂破产公告

E. ××街道办事处关于维护小区安全的公告

4. 下列标题中，正确的有（　　　）。

A. ××县人民医院关于新设保健门诊的公告

B. ××市公务员局关于公开考试录用国家公务员的公告

C. ××火车站关于火车晚点的公告

D. ××省人大常委会关于发布《××省开发区管理条例》的公告

E. ××市城管委关于拆迁二环路西一段占道房屋的公告

5. 下列事项中，可用通告行文的有（　　　）。

A. ××市国土局拟行文召开各区、县国土局长会议

B. ××市燃气公司将告知公众天然气停气的时间及地段

C. ××县地税局将告知纳税人限期到指定地点进行纳税登记

D. ××县工商局批准××公司等几家企业开业并告知公众

E. ××县百货公司扩大经营规模拟向社会招收一批营业员、业务员

6. 下列标题中，正确的是（　　　）。

A. ××市公安局、人民检察院、中级人民法院关于严厉打击刑事犯罪活动的通告

B. ××市电信局关于青龙场电话分局割接开通的通告

C. ××市旅游局关于召开全市旅游工作会议的通告

D. ××市城管委关于严禁占道经营的通告

E. ××火车站关于火车运行时间变更的通告

四、阅读分析题

1. 指出下列文中的错误。

公　　告

我厂因铺设供气管道，需挖断厂门外108国道公路，过往车辆须绕道通行，否则一切后果自负。

××机械厂

2016.10.18

2. 指出下列文中的错误。

通　　告

为了贯彻我市城市建设总体规划，完成市人民政府下达给我区的红星路扩建任务，并保证于今年“五一”前顺利竣工，特通告如下：

(1) 红星路扩建范围内所有国营、集体单位、商店、个体摊贩、公共汽车站、停车场、邮亭以及所有居民，限定在2015年2月20日前搬迁完毕。

(2) 所有搬迁单位、居民应按区人民政府的统一安排执行。个体摊贩一律迁往××农贸市场摆摊。

(3) 从2月21日起，红星路禁止一切车辆、行人通行，为保证安全施工。

(4) 所有搬迁单位和居民必须按此通告执行。借故不按时搬迁者，一切后果自负。

锦华区人民政府

锦华区城建局

锦华区公安局

2015年1月15日

3. 阅读下文，按文后要求回答问题。

××市住建委　××市城管局
关于加强城区建筑施工工地和建筑渣土运输管理的通告

为贯彻落实2015年4月23日全市大气污染防治督办会议精神，切实加强城区建筑工地施工和建筑渣土运输管理，降低建筑工地扬尘污染和城市道路扬尘污染，改善我市空气质量，根据《中华人民共和国建筑法》、《城市建筑垃圾管理规定》、《××省城市市容和环境卫生管理条例》、《××市城市建筑垃圾管理实施办法》，现就有关事项通告如下：

一、城区所有建设项目，在未取得《建设施工许可证》前，一律不得进行土方开挖。

二、所有进出工地作业运输车辆（混凝土搅拌车、建材运输车辆、渣土运输车）必须保持车辆完好、实现密闭运输，不得出现沿路遗撒现象。

三、所有建设项目施工现场必须建设围挡、硬化出入口道路、修建车辆冲洗平台及配套的排水、泥浆沉淀设施。

四、所有建设项目施工单位必须制定施工工地扬尘控制方案，配备2名以上保洁人员正确操作车辆冲洗平台，对驶出工地的机动车辆进行彻底冲洗，确保车辆车身整洁，轮胎不带泥上路。

五、所有建设项目施工工地外运渣土，必须在市城管局办理《建筑渣土处置许可证》后，按规定的时间、线路运输，在指定地点倾倒（包括自行调剂的建筑渣土）。

六、旧房拆除时，必须服从市房管局管理，修建围墙，做好洒水降尘，防止渣土扬尘污染。

市住建委和市城管局将结合各自职责，进一步加大建筑施工工地和建筑渣土运输管理，对违反上述规定的行为依法严肃查处。

××市住建委
××市城管局
2015年5月4日

（1）本文标题__________、__________、__________等三要素齐全。

（2）本文标题起到了__________的作用。

（3）正文表现主旨采用了__________的写法，主旨是：____________________

____

____。

（4）正文采用了____________式结构，体现了____________的思路。

（5）本文属____________性通告。

五、写作题

1. 根据下列材料，拟写公文标题。

（1）××市人民政府发出周知性公文，内容是保护水产资源，维护渔业生产秩序。

（2）××市地方税务局需告诉公众，限期换发税务登记证。

（3）××市公交公司运行的34路公共汽车将变更运营路线，需告诉广大乘客。

2. 某市将举行元旦环城长跑比赛，当天9至11时，人民南路全线、一环路全线作为比赛线路，禁止一切机动车辆运行（为比赛服务的执勤车凭专用通行证运行）。请以市公安局名义写一篇周知性通告。

练习四　意　见

一、判断题

1. 意见是用于对重要问题提出见解和处理办法，以起到指导或建议作用的一种公文。（　　）

2. 意见都是下行公文。（　　）

3. 建议性意见可分为呈报类意见和呈转类意见等两类。（　　）

4. 意见的语言注重平和、简明，少用指令性词语，多用祈请性、指导性词语，体现注重商榷、尊重对方的民主作风。（　　）

5. 呈转性建议意见写法、用法是“形式上的上行文，实质上的下行文”。（　　）

二、多项选择题

1. 意见具有兼容性特点，这体现在（　　）。

A. 发文机关的不定性　　B. 内容的多样性

C. 行文方向的多向性　　D. 作用的多用性

E. 写作的灵活性

2. 按性质和用途的不同，意见可分为（　　）等类。

A. 领导性意见　　B. 指导性意见

C. 计划性意见　　D. 建议性意见

E. 评估性意见

3. 下列结语中，可用于呈报性建议意见的有（　　）。

A. 以上意见供领导决策参考

B. 以上意见供参考

C. 以上意见如无不妥，请批转各地执行

D. 以上意见请审阅

E. 以上意见，请结合实际情况贯彻执行

三、阅读分析题

阅读下面这篇呈转性意见，分析其写作特点，指出其不足。

关于加强农村统一灭鼠的意见

省人民政府：

近几年，我省农村害鼠正处于繁殖高峰期，农田害鼠密度回升较快，鼠害猖獗，部分地区危害程度超过历史水平。据各鼠情监测点和各地调查，1995—1996 年鼠害高峰期农田鼠密度超过防治指标的 3～6 倍（控制标准为 5%以下），粮经作物严重受害，一般产量损失达 10%，重者达 30%以上，鼠传疾病也有所抬头。严重的农村鼠害对农业生产和农民群众健康构成很大威胁。

加强农村灭鼠是发展农村经济的一项重要工作。实践证明，开展大面积农田统一灭鼠是控制鼠害的有效措施。近年全省按照省农牧厅、省爱卫会×农牧植保率〔1990〕2 号文件和省政府办公厅×府办电〔1995〕185 号文要求，开展农村统一灭鼠，取得了明显成效。每年农田灭鼠面积达 233 万公顷，占害鼠发生面积的 60%以上，挽回粮食损失 6 亿公斤，并抑制了鼠传疫病的流行。

为了长期控制农村鼠害，提高农村灭鼠的效果和效益，保障农业生产安全，控制鼠传疾病的传播，现就加强农村统一灭鼠提出以下意见：

一、加强领导，坚持农村统一灭鼠

各级政府要引起高度重视，切实加强对农村灭鼠工作的领导。要把灭鼠防病保粮作为政府行为，纳入当地农村经济发展规划和年度计划，统筹安排，在人力、物力、财力等方面给予必要保障。农村灭鼠必须坚持“一集中、六统一”，即集中在春、秋两季，实行统一组织指挥，统一宣传培训，统一筹集资金，统一供应鼠药，统一投饵技术，统一检查验收，确保农村灭鼠工作长期有效地坚持下去。

二、明确职责，落实任务

根据省政府职能划分，农田灭鼠由农业部门主管。各级农业植保部门，必须在各级政府的统一领导下，与爱卫会紧密合作，认真实施，狠抓落实。要做好农田鼠情监测与鼠传疫病疫情的监测工作，抓好灭鼠技术的宣传培训工作，组织灭鼠所需药、械的供应，指导农民科学灭鼠。灭鼠面积要以县为单位达到80%以上，药物灭鼠必须使用经主管部门批准使用的灭鼠药物，严禁使用含有氯乙酸胺的各种剧毒鼠药，防止人、畜中毒事故发生。凡乱用不合规定的鼠药而造成严重后果的要追究行政及法律责任。工商、技术监督、市场管理等部门要密切配合，加强农药市场管理，取缔个体鼠药贩子销售假冒伪劣鼠药。林业等有关部门要加强对害鼠的天敌（如蛇、黄鼬等野生动物）的保护，以恢复自然生态平衡，控制害鼠危害。

三、加强督促检查，保证灭鼠效果

农村灭鼠防病保粮是关系到政府声誉和农村经济发展的大事，认真抓好这项工作，有利于密切党和政府与人民群众的血肉关系，树立起党和政府的良好形象，各有关部门要认真抓好。各地要把农田灭鼠纳入农作物病虫草鼠统防统治的议事日程，认真考核，在灭鼠结束后及时做好效果检查和工作验收。省农业厅、省爱委会根据各地工作情况和验收结果，对验收合格的将发给合格证，对工作出色成效显著的单位和个人，予以表彰和鼓励。

以上意见，如无不妥，请批转各地贯彻执行。

××省农业厅

××××年×月××日

练习五　通　知

一、判断题

1. 通知的主要特点是应用广泛，使用频率高。（　　）

2. 内容单一、篇幅简短的通知，标题可省略掉发文机关和事由，只写文种“通知”。（　　）

3. 有些普发性、周知性的通知，也可不写主送机关。（　　）

4. 上级转发下级文件用“批转”，下级转发上级文件，平级之间、不相隶属机关、单位之间转发文件，一律用“转发”。（　　）

5. ××市人民政府转发省人民政府关于切实做好大学毕业生就业工作的通知（　　）

6. ××县卫生局加强夏季肠道传染病预防工作的通知（　　）

7. 四川省人民政府办公厅转发省卫生计生委等部门关于加快推进医疗卫生与养老服务相结合的实施意见（　　）

二、多项选择题

1. 下列事项中，可以用通知来处理的有（　　）。

A. 某省人大常委会拟颁布一项地方法规

B. 某市水电局将召开水利建设工作会议，需告知各区、县水电部门事先做好准备

C. 某县纪委拟行文批评×××等干部玩忽职守，造成国家经济损失的错误

D. 某市政府拟批转市卫生计生局《关于做好灾后防疫防病工作的意见》

E. 中共某县县委拟向所属各级党组织布置学习党的十八届六中全会文件的有关事项

2. 通知可以分为（　　）等类。

A. 工作通知　　B. 会议通知

C. 批转转发发布性通知　　D. 任免通知

E. 事项通知

3. 下列标题中，正确的有（　　）。

A. ××市人民政府办公厅转发市教育局关于进一步加强农村教育工作意见的通知

B. ××省人民政府批转省扶贫办关于进一步做好精准扶贫工作意见的通知

C. ××市教育局转发市卫生局关于做好夏季除害防病工作的通知

D. ××县科委批转省科委关于进一步加强科技成果转化工作的通知的通知

E. ××市地税局转发市电大关于举办财税专业电大大专班通知的通知

4. 下列标题中，书写不正确的是（　　）。

A. ××县卫生计生委加强城乡卫生宣传工作的通知

B. ××县人民政府转发《××省人民政府关于群防群治深入开展除害灭病工作的通知》

C. ××县人民政府转发××省人民政府关于深入开展农田水利基本建设通知的通知

D. ××县粮食局转发《××市粮食局转发〈省粮食局转发〔国家粮食局关于规范粮食行业信息化建设的意见〕的意见〉的意见》

E. ××县民政局转发×民〔2016〕25号文的通知

三、阅读分析题

1. 指出下文格式和内容上的毛病。

××县人民政府文件

×府（2016）29号

县人民政府转发县住建局《关于加速小城镇建设的意见》的通知

各有关单位：

县人民政府同意县住建局关于加速小城镇建设的意见，现印发你们，请遵照执行。当前，全县小城镇建设呈现快马加鞭的大好形势，县人民政府希望大家借这股强劲的东风，众志成城，聚沙成塔，集腋成裘，加速我县小城镇建设的步伐，尽快实现我县建成小康县的目标。

××县人民政府

2016年×月×日

抄送：市政府，县委，县人大，县政协

××县人民政府办公室　　2015年×月×日印发

---

2. 指出下文内容上的毛病。

关于召开我局分房工作座谈会的通知

兹定于12月20日在我局召开分房工作座谈会，听取我局职工对这次分房工作的意见。希有关同志准时参加。

××局办公室

2016年12月15日

四、写作题

1. ××县气象局2016年12月9日局长办公会商定，拟于12月26日（星期一）召开全局职工大会。会议由王局长主持，由刘副局长传达县政府机构改革工作会议精神，由张副局长布置本局机构改革工作。请以该局办公室的名义，写一篇供内部张贴的周知性会议通知。

2. ××省人力资源社会保障厅、省教育厅商量决定联合召开全省大专院校毕业生就业创业工作会议。会议拟开2天，从3月1日开始。参加会议的人员是省级各部、委、厅、局人事处长，各大专院校学生处长，各市、州人力资源社会保障局、教育局分管领导。会议要研究今年毕业生的就业创业政策和办法等。会议由省人力资源社会保障厅主办。为确保会议顺利进行，两家商定把会议安排在××市市郊新建成的南河宾馆召开。请代拟会议通知发有关单位。（不必标出正本文头文尾部分）

3. 2016年8月15日××市财政局局长办公会决定，免去刘××人事处副处长职务，任命其为法规处处长；任命王××为预算处副处长；免去张××法规处处长职务。请为该局拟写一份任免通知。

4. 以中共××大学党委宣传部的名义，写一篇在学生中加强革命传统教育的通知。

5. 参考下面文章中的意见，以××厂的名义，写一篇加强外来务工人员管理的通知。

加强单位内部外来务工人员的管理

近年来，随着改革开放的不断深入和企业用工制度的改革，流动人口中外来务工人员日渐增多。就如何管理好外来务工人员，笔者谈几点看法。

一、用工单位领导重视，健全管理机构

由于用工制度的变化，许多单位都使用外来劳动力，所占的比例逐年增大。外来人员的各种情况差别较大，其中存在的问题也较多，所以用工单位必须加强领导，健全用工管理机构。可成立由各职能部门（人事保卫、劳资、后勤总务、工会、共青团等）参加的、以人事保卫部门为主的管理办公室，开展日常管理工作。

二、把好进人关，保证外用工质量

一个单位需要多少劳动力，需要什么样的人，必须做到有计划和选择，既不能盲目进人，更不能频繁换人。人员杂乱，一是不便于掌握了解使用，二是不便于有关部门管理。我们使用外来劳动力，基本上都是成批的。这就要求我们劳资和人事保卫部门要首先介入，到劳务输出地实地考核，严格标准审查，并与输出地劳务部门签订治安责任手续。

三、搞好上岗前的法制教育和技能培训

外来务工人员由于层次和所处地区不同，需要熟悉了解有关法律法规和基本技能。法制教育可由公安派出所和单位有关部门联合举办，要向外来务工人员宣传有关地方性法规《××市暂住人口管理办法》和其他法律、法规，广泛地进行一次普法教育，使他们懂法守法。要通过培训帮助他们掌握基本技能。培训合格后，才能录用，同时签订合同。

四、明确各部门职责，落实管理措施

外用工培训合格被录用后，各职能部门要充分发挥作用，履行职责。人事保卫部门要与外用工领导小组签订《治安责任书》落实治安责任制，并定期组织法制学习；后勤部门要采取公寓式集中管理，指定治安管理员，负责休息时间的日常管理；各车间要成立外用工自管小组，选出素质好的外用工担任组长，汇同车间工会、共青团、妇联等进行管理。其他如技安、劳资等部门要在厂外用工管理小组的领导下，支持配合；公安派出所要在单位人事保卫部门的配合下，积极参与管理，定期召集有关部门和外用工自管小组长会，掌握各种情况，同时进行法制宣传和教育。

6. 阅读下文，按文后要求做题。

××县政府办公会议记录

时间：20××年4月20日下午2：30

地点：县政府第一会议室

出席人：县政府办公室主任吴某某、县农业局局长张某某、水电局局长刘某、农业银行行长李某某、农机局局长王某某、粮食局局长黄某某、气象局局长田某某、供销社主任于某某、财政局局长马某某、农科所所长丁某某、农机站站长徐某某、工商局局长谢某某、工交局局长钱某某

主持人：县长郭某某

记录：孙某某

发言：

郭县长：近几年来，我县粮食一直处于徘徊不前的地步，粮食产量甚至有下降的趋势。今年，市委、市府分别在党代会工作报告和政府工作报告中，提出了增加农业投入，抓好粮食生产这一战略措施，号召我们尽快扭转粮食生产的滑坡，实现恢复性增产。从我县当前实际出发，必须扎扎实实抓好小春后期管理，及早抓好大春备耕工作。今天请各路诸侯献计献策，落实抓好“双抢”的各项措施，以确保今年农业丰收。

张某某（农业局局长）：由于加强了管理，前段时间小春作物的长势一直很好，本来可望小春有较大幅度增长。但是这几天，全县大部分区乡遭受暴风雨袭击，小春生产受到极大的损失。

田某某（气象局局长）：17 日晚到 18 号早上，全县从北向南先后出现雷雨大风天气，暴雨之后，普遍刮了 6 级左右偏北大风。个别区乡最大风力 7 至 8 级。全县山洪暴发，洪水猛涨。

张某某：全县 60％的小麦和油菜已倒伏；摩地倒的小麦占总面积的 10％，基本无收；油菜茎秆折断的也有近 8 万亩。

吴某某（县政府办公室主任）：这种突发性的自然灾害，我们很难预料。关键在于要尽量减少灾害造成的损失。18 号上午，县委、县府联合召开紧急会议，19 日组织了县级机关干部 120 多人，由县委、县府领导带队，分赴受灾严重区乡，调查灾情，采取措施组织救灾，安排好群众的生活、生产。郭县长上午刚从灾情严重的红星乡回来，根据县委、县府的意见，下午就召开了这个紧急办公会。

郭县长：当前要着重抓好几项工作。一是妥善安排好群众生活，给群众鼓鼓实劲。二是尽快做好排水排涝工作，尽可能减少倒伏作物的损失。三是抓住好天气及时做好小春的收割工作。

田某某：4 月下旬、5 月上旬，据分析有几天持续高温晴天，各地要抓住有利天气做好抢收工作。

丁某某（农科所所长）：今年油菜、小麦同期成熟，收获期相对集中，建议各区乡要安排组织好力量及时收割小春作物，成熟一块收一块，不要割倒了放在田里沤烂了。

黄某某（粮食局局长）：我们已经做好收购小麦、油菜籽的准备工作，各地粮站保证做到四不：不让农民交粮跑空路，不压级压价，不为其他单位代扣款，不打白条子。全县还增设了 20 个临时收购点，方便农民就近交售。一定让送粮农民高兴而来，满意而归。

李某某（农行行长）：我们已经通过各种渠道筹措了一批资金，保证收购款能随时提取，决不让粮站像往年一样打白条子给农民。

郭县长：粮食合同定购三挂钩政策一定要落实、兑现。

于某某（供销社主任）：年初国务院关于化肥、农药由供销社专营的决定下达后，我们就积极组织货源。现在库存化肥比去年同期增加50%，今年已供应化肥比去年全年还多10%。农用塑料薄膜已供应80吨，也超过去年总数，还将组织回薄膜40吨。农药已库存300吨。都能基本满足需要。我们明确规定，上述农资商品的供应要做到品种、供应数量、质量、分配方案、价格、供货时间“六公开”，接受群众监督，不准走后门搞不正之风。

徐某某（农机站站长）：今年柴油供应还有些缺口，我们正在设法购进一批议价柴油，按平价供应农民。

马某某（财政局局长）：光是农业生产资料补贴，县财政局已经拿出80万元。各区、乡要尽可能通过各种渠道筹集农业基金，确保今年全县增加农业投入200万元。

王某某（农机局局长）：我们在各村建立了农机服务社，在“双抢”期间做到“农机归田”。对入社的机手实行“三优一定”：优先供给平价柴油、优惠供应零配件、税务部门对他们实行税费优惠，定人定田分片包干。这样做调动了机手积极性，使他们积极投入“双抢”。

丁某某：要增加农业科技投入，以科技促生产。我县前一段抓了改造下湿田、低产田，防止小麦赤霉病虫害等工作；大春要确保80%的稻田种上杂交稻，搞“稻鱼共生丰产田”。全县农业科技人员都要搞好分片承包责任制。

郭县长：今年试点的红光、上路两个区要搞好大春生产的集团承包责任制，有关领导、科技人员、农资供应部门和农民共同承包，共担风险，共同受益。当然关键在确保增产，让利于民。摸索出经验来，明年再推广。

刘某（水电局局长）：今年水源比较充足，不会出现往年那种缺水状况。但还必须抓紧做好农田水利基本建设的后期扫尾工作，各区、乡要分片包干，整治好排灌水渠，修复水毁工程，加紧完善尾水旱片的水利配套设施。市里、县里已拿出150万元用于农田水利建设，各区、乡也要按原计划筹措部分资金。通过市里拨一点，县里拿一点，乡上以工补农凑一点，群众投劳折资集一点的办法，确保农田水利建设工程按期完成，增加我县防洪抗灾能力。

郭县长：我赞成大家的意见，再补充强调几点。

第一，各级领导要加强对农业特别是粮食生产战略地位的再认识，把“双抢”工作作为一项中心任务来抓，集中精力深入第一线。“双抢”期间“三不准”：与农业无关的会议一律不开；县级各部门不下达与“双抢”无关的具体任务；不下乡搞与“双抢”无关的检查。各部门要抽调干部下乡抓“双抢”，具体安排请县府办公室考虑。

第二，坚持“小春损失大春补”，抗灾夺丰收，确保粮食增产。尽早做好大春备耕工作，抢收割进度，以收促栽，栽收结合，力争不栽六月秧。要因地制宜地采取各种措施，扩大水稻和包谷栽种面积。

第三，各部门要围绕“双抢”搞好服务。供销、农资、工商、物价部门要紧密配合，把住质量关、价格关，杜绝假农药、假化肥上市，按规定销售农业生产资料，不准高价坑农。

第四，要防止“秧子栽上坎，上街坐茶馆”的松劲情绪，加强大春田间管理。（丁某某：各级要督促农民在秧子栽下 7 至 10 天内，把所需肥料尤其是农家肥备足，科学施肥，早施追肥。要做到浅水灌溉，使秧苗早生快发；适时挖沟排水、晒田，控制无效分蘖。）要依靠农技服务体系，对易造成病虫害的田块统一防治。

（散会）

记录人　孙某某（签字）

主持人　郭某某（签字）

（1）以某某县人民政府的名义，撰写一份布置支农工作的通知。要求用总分思路写；列出所写通知提纲。

（2）以某某县人民政府的名义，撰写一份布置“双抢”工作的通知。要求用递进思路写；列出所写通知提纲。

（3）试分析你写的上面两篇通知，在内容、结构上有什么不同。

练习六　通　报

一、判断题

1. 通报是在一定范围内表彰先进、批评错误、传达重要情况，以推动面上工作的一种下行公文。它具有嘉奖作用、告诫作用，或交流作用。（　　）

2. 通报分为表彰性通报、批评性通报、情况通报、直述式通报、转述式通报等五类。（　　）

3. ××市公安局根据各地反映的情况，编发了《××市公安局关于开展严打斗争的情况通报》，这是直述式情况通报。（　　）

4. ××县人民政府印发了《关于表彰科技扶贫先进集体的通报》，将《××研究所、××学校科技扶贫取得丰硕成果》的经验材料作为通报的附件。这份通报是转述式表彰通报。　（　　）

5. 下面这个标题是新闻式双标题：

中共××市纪律检查委员会通报

严禁领导干部以权谋私违章建造私房　（　　）

二、阅读分析题

1. 阅读下面这篇通报，按文后要求答题。

四川省教育厅关于部分学校违规补课情况的通报

各市（州）教育局：

近日，《四川省教育厅关于开展违规补课专项检查工作的通知》（川教函〔2015〕406号）下发后，各地和学校高度重视，迅速开展了中小学违规补课行为的自查自纠，违规补课行为大幅减少，但仍有少数学校存在违规组织学生补课的情况。根据学生、家长投诉，我厅组织检查组对部分地方和学校进行了突击检查、明察暗访。经查，四川省蓬溪中学校等学校存在违规组织学生补课并违规收费行为。现将有关情况通报如下：

一、违规补课情况

（一）四川省蓬溪中学校违规组织高2014级学生补课并收取补课费；在组织高2013级学生补课时违规收取补课费。

（二）四川省资中县第二中学、南部县第二中学、自贡市旭川中学、富顺第一中学校在组织高2013级学生补课时违规收取补课费。

二、处理意见

（一）暂停四川省蓬溪中学校省二级示范性普通高中称号2年；暂停四川省资中县第二中学、南部县第二中学省二级示范性普通高中称号2年；暂停自贡市旭川中学、富顺第一中学校省二级示范性普通高中称号1年。

（二）责成四川省蓬溪中学校、四川省资中县第二中学、南部县第二中学、自贡市旭川中学、富顺第一中学校主管教育行政部门按照干部管理权限对学校校长等责任人提出责任追究处理意见。

（三）责令上述学校立即对违规补课行为进行整改，清退已收取的补课费。

希望各地和学校认真吸取教训，引以为戒，坚决贯彻落实国家和我省严禁违规补课的相关规定，加大宣传力度，加强督导检查，及时处理违规补课投诉，坚决制止和查处违规补课及乱收费行为。

四川省教育厅

2015 年 7 月 24 日

（1）本文标题属________式标题，由________、________和________三要素组成。这个标题的作用是________。

（2）从作用和写法看，本文属________通报。

（3）这份通报采用的是____________结构。

（4）这份通报正文包括____________、____________、____________等部分。

（5）本文引文符合先引________________________的要求。

2. 阅读下文，指出文中存在的问题。

关于××县民政事业费管理使用问题的通报

××县任意挪用、占用和滥用民政事业费的问题，是非常严重的。民政事业费是体现党和国家对广大优抚、救济对象生活疾苦的关怀，任何人挪用、侵占民政事业费，都是党纪国法所不容许的。凡是××县挪用和占用的民政事业费必须限期如数追回。为了严明党纪国法，对挪用、占用民政事业费的有关人员，要按党纪严肃处理，并将处理结果报省人民政府。

各地要把××县的问题引为借鉴加强民政事业的管理，进一步加强民政事业费管理体制的建设，杜绝××县的问题再度发生。

××市人民政府

××××年×月×日

3. 阅读下文，按文后要求答题。

表扬通报

各公司、商店：

×月×日中午十二时左右，××百货商店××路门市部售表柜台前来了一个青年顾客，提出要买一块“浪琴”牌手表。青年营业员×××同志将手表拿出上了几扣弦后递给这个顾客，又忙着接待别的顾客。一种强烈的责任促使他随时盯着买表人的动作。忽然，发现那人倒过身子挡住营业员的视线，把表放在耳边装成听表样。这种行为引起了×××同志的警觉，他心想：挑表为什么要倒过身子背靠着营业员呢？当他把表交回来的时候，×××同志立即进行了检查，发现弦是满的，表蒙上有两道划纹。他马上认定新表已被换走，于是当机立断，喊了一声："你停一下！"那人听到喊声，慌忙向店外跑去。见此情景，×××同志一跃跳到货圈外，用尽力气拼命追赶。霎时间，那家伙穿过胡同，跑出数百米。营业员边追边喊："抓住他！抓住他！"终于在××公安分局同志的协助下，将罪犯逮住扭送公安派出所，从其衣袋里搜出换去的新表。

×××同志机智果断，不顾个人安危与坏人坏事作斗争，保住了集体财产，精神可嘉。决定给予通报表扬，并颁发奖金，以资鼓励。

××商贸集团

××年××月××日

（1）分析文中毛病。

（2）将本文改写正确。

三、写作题

根据下面内容，以××储运公司的名义，拟写一份通报。

××市××储运公司××仓库506库房保管员李××19××年×月×日晚上值班时，违反仓库规定，带了五岁女儿私自燃火煮食品；9时许又抱了女儿外出采购食物。一小时后，当他匆匆回到仓库时，只见506库房吞没于滚滚浓烟之中，火舌还频频上蹿。他顿时手脚失措，呆在一旁。当总值班等人闻讯赶到，立即打电话呼救。待消防队赶到，大火才得以熄灭，但库房已化为灰烬，给国家造成××万元的巨大经济损失。为此，公安机关已将李××拘留。

练习七　报　告

一、判断题

1．报告是用于向上级机关汇报工作、反映情况、答复询问的一种上行公文。（　　）

2．报告都要在正本文头部分标明签发人姓名。（　　）

3. 按写作范围，报告可分为综合报告、专题报告。（　　）

4. 一律不能在报告中夹带请示事项。（　　）

5.《××县人民政府关于我县遭受特大泥石流灾害的紧急报告》，主送给了国务院、省政府、市政府。（　　）

6. 无论综合报告还是专题报告，都要求一文一事，主旨单一。（　　）

7. 情况报告写作、制发要及时，以便让上级机关和有关领导尽快了解重大、特殊、突发的种种新情况。（　　）

二、多项选择题

1. 下列事项中，可以用报告行文的有（　　）。

A. ××县人民政府拟向上级汇报减轻农民负担情况的调查结果

B. 省住建委拟向上级报送《中共××省委、××省人民政府关于清理纠正党政机关干部违反规定建房、占房等问题的实施办法（代拟稿）》

C. ××县农业局拟行文请求县政府解决抗旱保栽的资金物资

D. ××市档案局汇报了抢救历史档案的现状和今后工作意见，以答复市人大的质询

E. ××市拟行文上报参加全省2011—2015年经济和社会发展展览的展品目录

2. 下列标题中正确的有（　　）。

A. ××局关于报送2015年工作总结和2016年工作计划的报告

B. ××省人大农业委员会关于省人大十届三次会议第24号议案审议结果的报告

C. ××省农牧厅、省国土局关于加强国营农场土地管理的报告

D. ××县人民政府关于我县农业遭受严重夏旱的紧急报告

E. ××县民政局关于请求增拨扶贫基金的报告

3. 下列报告结语中，正确的有（　　）。

A. 如无不妥，请批转有关方面执行

B. 特此报告

C. 请审阅

D. 专此报告

E. 请批复

三、简答题

简述情况报告与工作报告的区别。

四、阅读分析题

1. 阅读下文，按文后要求答题。

关于我州连续遭受大暴雨、泥石流灾害的情况报告

省人民政府：

我州继会理等县遭受特大暴雨、泥石流灾害之后（已向省政府专题报告），6 月以来，又连续发生 3 次大暴雨、洪涝灾害。特别是 6 月 28 日至 30 日，全州 17 个县市均降大暴雨，山洪暴发，河水猛涨，泥石流倾泻，造成大面积农田、房屋、水利工程、防洪设施损毁，人民生命财产损失十分惨重。

（一）

6 月份 17 个县市总降雨量均大大超过了多年平均值，全州 17 个县市均遭危害，尤以越西、冕宁、雷波、普格、甘洛危害最烈，受灾最重。越西县 6 月 28 日 22 时 41 分到 29 日 9 时，总降雨量达到 161.1 毫米，其中 29 日凌晨两小时内总降雨量达到 100 毫米。冕宁县从 6 月 29 日夜 12 时到 30 日凌晨 5 时，5 小时内降雨超过 100 毫米，其中 1 时 20 分到 2 时 50 分，一个半小时降雨达到 84 毫米。据 3 个水站实测，30 日上午 7 时到 10 时，冕宁县境内的安宁桥、深水关和温水湾等，洪峰流量分别达到每秒 383 立方米、640 立方米，均超过了历史最高水位。

（二）

据初步统计，全州 17 个县市中 356 个乡、1647 个村、6558 个社（或组）、15.17 万户、75.6 万人受灾。其受灾情况是：

1. 粮食作物和农田水毁严重。受灾粮食作物面积达 95.6 万亩。其中成灾面积 42.4 万亩，无收需要重种、改种的面积 15.6 万亩，被冲成乱石滩、短期内难以复耕的面积 7.7 万亩。预计减收粮食 1.2 亿斤，加上低温损失粮食 1.4 亿斤，全州因灾损失粮食达 2.6 亿斤以上。

2. 经济作物和经济林木损失严重。烤烟、甘蔗等经济作物受灾面积 8.8 万亩，其中有 3.5 万亩烤烟和 1.5 万亩甘蔗，被洪水泥石流冲成乱河滩和遭沙严重淤积。经济林木花椒、桑苗、苹果、核桃等受灾达 250 多万株，干、鲜果产量损失 400 多万斤。

3. 人畜伤亡、房屋倒塌严重。洪水、泥石流今年共冲死 54 人、伤 77 人；冲死各种牲畜 2500 头、家禽 3200 只；住房倒塌 560 间，危险圈舍 385 间，影响牲畜 3000 多头；学校受灾 2 所，教室及住房垮塌 20 间；冲走农户家中种子、口粮 440 万斤，造成 1920 户、7460 人现无口粮。

4. 水利设施破坏严重。洪水泥石流冲毁大小沟坡渠道 872 处，长 154.35 公里；冲垮

堤防331处，长47.35公里，影响灌面25万余亩；冲垮水塘30口、石河埝14处，冲垮渡槽10座、提灌站3座、农村电站22座、装机5600千瓦，被迫停电，造成部分工厂停产。这次受灾特别严重的越西县遭受大暴雨、洪水之后，全县形成泥石流冲沟156处，造成河堤决口，洪水泛滥，冲毁防洪堤92处，长4256米。其中，冲毁浆砌洪堤31处，长2562米，冲毁灌溉渠埝16条、132处，长4539米，冲走成鱼1.44万斤。全县水利设施经济损失150余万元。美姑河沿岸20座吊桥、12个水磨、2座电站全部卷走。

5. 公路被毁，交通中断。全州共塌方阻车273处，塌方量达44.78万方。冲毁桥涵256座，造成西昌至普格、西昌至越西、西昌至甘洛、西昌至雷波、西昌至宁南等干道中断。区乡公路垮塌破坏更为严重，短期内难以通车，严重影响到农用生产资料和人民生活用品的运输。川云西线冕宁境内和冕宁至金矿主要交通公路冲断8处，垮塌2万多米，冲毁桥涵5座，川云西线被迫改道通行。雷波县境内雷山、雷大、美抓等主要公路干线垮塌100多处、4万多方，运输全部瘫痪。

三次大暴雨、洪水、泥石流灾害造成的损失十分严重，初步测算，以上5项造成经济损失达2亿元以上。

（三）

灾情发生后，州、县党委、政府十分重视，立即召集有关部门开会研究，部署救灾工作，制定抗灾救灾措施，尽量减少灾害造成的损失。州政府7个州长全部深入灾区，同各县市领导一起，查看灾情，慰问群众，稳定人心，动员组织群众开展生产自救，落实各项抗灾救灾、恢复生产措施，及时解决灾区人民在生产生活、抗灾中的实际问题。目前，灾区人民正在奋力抗灾，生产自救。

（四）

今年我州自然灾害发生早，次数多，来势猛，面积大，范围广，损失惨重。6月25日前，我州已多次大范围、大面积遭受了阴雨、低温、冰雹、洪水、泥石流灾害，造成严重损失。为了抗灾自救，已耗尽了州、县财力、物力。6月25日以来，全州又连续几次遭受暴雨、洪水、泥石流灾害。目前，灾区人民纷纷要求党和政府予以扶持，切实解决抗灾救灾中的实际困难。州、县虽尽最大努力解决了些问题，但远远不能解决灾区人民实际存在的困难。我们将另文请示省政府派出工作组察看灾情，帮助解决亟待解决的困难。

特此报告。

××州人民政府

××××年7月5日

（1）本文标题的作用是____。

（2）本文显示主旨的方法是________________________________。主旨是：____。

（3）本文属______________结构。

（4）试列出本文的思路走向。

（5）试分析本文的语言特点。

（6）试分析本文内容的详略取舍方法。

（7）指出本文在数字和计量单位使用上的毛病。

2. 阅读下文，试分析本文主旨、结构、材料、语言的优劣（着重从观点与材料的关系上分析）。

关于××供电局整顿服务作风的情况报告

省供电局：

我局担负着以××地区为主的20个县市的供电任务，近年来，由于工农业的发展和人民生活水平的提高，用户已增到35000多个，每天上门要求解决用电问题的纷至沓来。在这种情况下，我们少数职工由于思想境界不高，慢慢地沾染上一些不正之风。有的办事不负责任，使用户蒙受经济损失；有的以“研究研究”（烟酒烟酒）为名，对用户的申请报告一拖再拖；有的明目张胆提出要吃“毛毛菜、泡菜”（鸡、鱼），到处吃用户。更有甚者，以电为权，乘人之急，行敲诈勒索之实。难怪有人称我们供电部门是“电衙门”、“电老虎”。许多人想摸一下“电老虎”的屁股，但又不敢，他们又怕“打虎不成，反被虎伤”，所以总是敢怒不敢言。可见少数人的不正之风在社会上造成的恶果多深。

为了实现党中央提出的“三个根本好转”的目标，根据我局的实际，在今年的三月份，我们开展了一次整顿服务作风的活动。

一、认清危害，明确整顿意义

要整顿不正之风，首先要对其危害性有足够的认识。使广大职工充分认识到这点，也是不容易的，因为如俗语所说：“冰冻三尺非一日之寒。”现在的不正之风是多年滋长起来的，而且和社会上的不正之风有着千丝万缕的联系。对广大群众来说，已是见惯不惊；对少数人来说，已是习以为常；对个别人来说，已经不以为耻，反以为荣了。

针对这种情况，我们首先从抓学习开始，以国务院颁发的《国营企业职工条例》和《电业职工守则》为主要内容，组织学习讨论，明确社会主义企业对职工的基本要求是什么。在此基础上，我们通过摆事实，讲道理，说明不正之风的危害性。如：由于××工作不负责任造成去年3月份多收磷肥厂电费5万元，使该厂当月完不成消耗指标计划，影响全厂1200人拿不到奖金；××供电所停电检修线路，事先没有通知用户做好准备，使轧辊厂已经炼好的一炉32吨的钢水作废；五通供电所推迟了停电检修计划，而没有通知用户，使许多用户仍按计划放假休息，造成了不必要的停电损失。至于吃用户，敲诈用户给别人带来的危害，更是清楚不过的了。而对自身的危害性，我们则以××供电所农电工叶××的典型材料启发教育职工。叶××从1978年起当农电工，开始喜欢占便宜，在农民家里吃了饭不给钱粮，后来发展到贪污电费，去年打击经济犯罪活动的时候，被查出共贪污电费××××元，而落入人民的法网。这些具体的事实，使广大职工认识到：我们的服务作风不正，不仅给国家，给企业、他人，最终也给自己带来危害，因此必须整掉不正之风。

二、揭露矛盾，痛下决心割尾巴

为了查清不正之风在我局职工中的种种表现，以求彻底整顿，我们首先广泛听取用户意见。一方面由罗副局长带领一个调查组，从3月4日开始，深入到用户中去登门拜访征求意见。到3月28日为止，先后到了××、××、××、××、××、××、××等县，共征求了55个大用户的意见；另一方面，分别在××、××、××、××、××等五个片区召开座谈会，把用户请上门来提意见。到3月20日，五个片区座谈会已先后开过了。共有363个用户代表参加了座谈会。看到我们不仅上门去征求意见，还要请进门来提意见，人们原先对供电部门的气顿时消了一大半。有的同志还风趣地说："过去我们不敢摸'电老虎'屁股，现在他们自己主动打自己的屁股了。"我们的诚心换来了用户的热心，为了我们整顿好服务作风，他们共提了123条意见和建议。对用户提出的意见，我们专门开了一次党委会研究，并分门别类地提出了处理意见。对于现在就能满足用户要求的问题，立即着手解决；对现在还不能满足要求的问题，我们一方面向用户解释清楚，另一方面积极创造条件，争取早日满足用户的需要；对吃用户、敲诈用户的，令其坚决退赔。特别是××供电所5名外线工于去年到九锋乡让当地出钱大吃大喝的问题，责成××供电所书记、主任带队，把钱粮如数退赔给该乡，并当面赔礼道歉，挽回影响。我们这样做，犹如忍痛割尾巴，割掉尾巴就可以轻装前进了。

三、建立制度，文明服务有方向

为了使整顿的成果能够坚持下去，我们把整顿和建设紧密地结合起来，边整边改边建立制度。在这个阶段中，我们组织职工开展“假如我是一个用户”的讨论，在此基础上制定了《××供电局职工服务公约》。除了印发职工手册以便随时对照检查以外，我们还在××报上登报发文，敬请××人民会同监督我们的行为，这将大大有助于我们树立良好的服务风气。

通过整顿，我局服务作风出现了崭新的气象。连续两个月的抄表收费的正确率都达到了百分之百；急用户之急，牺牲个人休息时间，为用户抢修设备的好人好事层出不穷；吃用户、坑用户的丑闻已经听不到了；相反却涌现出了一批为群众做好事而又“请客不到，送礼不收”的先进人物。如××供电李××、蔡××两位青工，在检修完线路骑自行车回家的路上，发现田边睡着一位因患急病而昏倒的农村妇女，他们不顾一天的劳累和饥饿，把病人推送到 30 多里的县医院抢救。××电站农电工×××长年累月勤勤恳恳为农村架线安灯，从没有白吃过一顿饭。农民为了表达对他的感激之情，大家凑了 50 元钱，放在烟盒里并悄悄地放进他的口袋。当第二天发现这一情况后，×××马上把钱退给农民，并说：“为广大农民架线安灯，使你们早日见到光明，这是我们电力职工的职责，国家已经给了工资，你们的钱无论如何不能收。”简短的几句话使当地的农民深为感动，他们连声称赞：“供电工人的服务精神真是好!”

的确，通过这次整顿，我局职工的服务作风有了较大的转变，但不能说已经弊绝风清了。多年来形成的恶风旧习，靠一两次整顿教育就能彻底改过来是不可能的。我们要以这次整顿为起点，今后经常地对职工进行职业道德教育、法纪教育和为人民服务宗旨教育，树立供电职工的文明服务新风。

××供电局

19××年 4 月 14 日

五、写作题

1. 根据本章练习五第四题之第 6 题的会议记录，以某某县人民政府的名义，向上级（××市人民政府）写一篇反映该县各部门做好支农工作、抗灾夺丰收的报告。

2. 从下列文章中选择材料，以中共成都市青白江区委、区人民政府的名义，向市委、市政府写一篇《关于“治水兴区”加强水利建设的情况报告》，按规范的公文格式书写。

1997 年春灌前夕，记者来到成都市青白江区采访。

龙泉山中的云顶乡五爱村六社一口水井边，有一块 40 多位甘姓农民立下的石碑，歪歪扭扭的碑文刻出这么一段话："饮水思源，感谢区水电局、乡党委、乡政府、乡水利站及所有关心支持此项工程的单位和个人，甘氏家族将永世不忘。"山里人朴实的文字，道出饱受干旱折磨的群众的肺腑之言，也记载着青白江"治水兴区"的奋斗历程。

近几年，区委、区政府带领全区农民群众，扭住水利这项基础产业的"牛鼻子"不放，打了一个翻身仗，改善了青白江的水环境，在青白江水利发展史上树起一道新的里程碑。

一

历来"水旱从人"的川西坝，也有干旱缺水的旱片死角。青白江虽有一个与旱无缘的名字，却处处饱受干旱困扰：全区人均水资源仅 1785 立方米，低于全省平均水平，许多地方有渠无水，6 月底关秧门是常事。原来，青白江属都江堰尾水灌区，渠道过水能力小，加之许多工程年久失修，淤塞严重，焉有不旱之理。

"水的问题不解决，青白江农业就不可能打翻身仗，30 万农民就不可能奔小康。"原区委书记孙寿权动情地说。

区委、区政府铁了心：财政再困难，也要狠抓投入，进行大规模工程整治，力争 3 至 5 年内，较大程度改善青白江的水环境。

区水电局拿出治理规划：外抓北四支，贺江堰，龙门堰，东风渠东干、北干等水源工程的改造与建设；内抓渠系整治与配套；丘陵片区大抓提灌站；山区抓人饮工程与微型水利建设。

投入实打实：从 1994 年的 438 万元起，每年打着滚儿往上翻，到 1997 水利年度，达 2157 万元，4 年共投入水利资金 4734.54 万元，其中区一级就达 2850.4 万元。4 年的水利投入超过前 34 年水利总投入的 1 倍以上。

成绩也是实打实：完成北四支、贺江堰、龙门堰、东风渠北干等水源工程建设，建拦河坝 7 座、电灌站 14 处、石河堰 7 处，渠道标准化整治 86.02 公里，建微型水利工程 1000 余处，改善灌面 12 万余亩，解决了 2 万多人和 2 万多头牲畜的饮水困难。青白江的水利设施基本来了个脱胎换骨。

二

"治水兴区"，这是全区各级各部门的共识。

区领导身先士卒。为使北四支取水枢纽工程加快进度，去年元月，区领导带领数百名机关干部到工地参加义务劳动。

“抓水利是为老百姓办实事，喊破嗓子，不如干出样子。”区委书记、区长王琪对记者这样说。去年春节，刚到青白江不久的王琪到云顶乡慰问山区教师，得知云顶中小学400多名师生及附近社员吃水非常困难，当即下决心解决。这以后，他多次与有关部门领导协调，指示区水电局制订打井找水方案。去年6月1日，一口日产120立方米的机井终于打成。

副区长戴晓明带领水电局制定全区水利发展规划，跑遍了全区16个乡镇。他看到清泉镇红梁村长期受旱，多方努力，帮助群众建起一座提灌站，上千亩良田不再受干旱困扰，群众感激地燃起了鞭炮。

区水电局长黄忠顺，几年间为青白江水利事业殚精竭虑，四处操劳。北四支取水枢纽关系到全区10万亩农田灌溉，以前靠竹笼拦河取水，年久失修。为使该枢纽工程列入省水利基建项目，他八方奔走。在为云顶中小学打井时，他向区政府立下“军令状”：35天内完成。他十上云顶踏勘、筛选方案。施工单位进场后，接连打了两口干井，准备退款撤出。老黄毫不退缩，确定第三口井位，在期限最后一天，终于打井成功。

省市领导、省水电厅、都江堰管理局也对青白江的水利事业给予大力支持。流经人和乡的石板河水受上游垃圾场污染不能饮用，对群众生活影响很大。成都市长亲自拍板：投入505万元在沿河两岸打井。去年底，这项工程结束，沿河3000多群众用上了清洁的自来水。

三

领导带头示范，激发起青白江农民群众兴修水利的积极性，一场“治水兴区”的人民战争在青白江如火如荼。

地处丘陵的玉虹乡泉龙村，群众自筹5万余元，建提灌站一座，改变了水源奇缺的状况。清泉镇农民欧兴才投资5000多元，建成小型提灌站和蓄水池，解决了自己的生活和生产用水。

人和乡龙王村62岁的村主任曾朝松，不顾年事已高，头顶烈日，翻山越岭，亲自把一车车建筑材料送到社员的蓄水池边。

青白江变得真正富有水味，区内四大旱片的用水得到了根本性改变。1996年，全区产粮16.68万吨，创历史最高水平，全区水稻亩产也突破500公斤。大兴水利设施的变化促进了全区多种经营的发展，农民人平纯收入增加325元。

练习八　请　示

一、判断题

1. 请示是用于请求上级批准或指示的一种上行公文。（　　）

2. 请示、报告的正本文头都要注明签发人姓名。（　　）

3. 请示一般应单头、逐级主送；除领导直接交办的事项外，一般不主送领导者个人；不抄送下级机关单位。（　　）

4.《××乡人民政府关于拨款建设良种蔬菜基地的请示》主送给了省委、省政府。（　　）

5.《××县人民政府关于增拨抗洪救灾经费、物资的请示》主送给了国务院、民政部、省政府、省民政厅、市政府。（　　）

6. 请示的内容若涉及其他部门、地区时，主办单位应主动与其协商取得一致意见。如有关方面意见不一致，应当如实反映，以便领导处理和裁决。（　　）

二、单项选择题

1. 某县人事局拟行文请求市人事局增拨补充农村服务体系工作人员计划指标20名，应该使用的文种是（　　）。

A. 请示　　B. 报告　　C. 请示报告　　D. 申请

2. 某乡人民政府拟新建一所寄宿制小学，需请求上级拨款，行文时应使用的标题是（　　）。

A. 关于新建寄宿制小学的请示

B. 关于拨款新建寄宿制小学的请示

C. ××乡人民政府关于拨款新建寄宿制小学的请示

D. ××乡人民政府请求拨款新建寄宿制小学的请示

3. 下列规定中，不正确的一项是（　　）。

A. 请示只有在有些特殊情况下，才可越级行文，而在越级请示时一般应抄送被越过的上级

B. 受双重领导的机关单位上报请示，也应根据内容写明主送机关和抄送机关，以根据主次分清承办责任，由主送机关负责答复请示的问题

C. 除领导直接交办的事项外，请示不得直接主送领导者个人，更不应同时主送多位领导

D. 请示一般应一文一事，如遇特殊情况，有时也可一文数事

三、多项选择题

1. 请示可以用于下列事项：（　　）。

A. 请求上级对有关法规、政策作出解释

B. 需要对上级的有关规定变通处理，请求上级审定答复

C. 在工作中遇到新情况、新问题而又无章可循，需要上级作出明确批示

D. 遇到实际困难、具体问题需请上级解决

E. 按规定权限，请求上级批准有关事项

2. 下列事项中，应该用请示行文的有（　　）。

A. ××乡政府拟行文请求上级拨款修复水毁学校

B. ××县政府拟行文向上级汇报本县灾情

C. ××镇政府拟行文请求上级批准引进肉食品加工自动化生产线

D. ××市工业局拟行文请求上级批准新成立法规科

E. ××市政府拟行文向上级反映农民减轻负担的情况

3. 下列标题中正确的有（　　）。

A. ××市民政局关于请求批准组建××市老年学校的报告

B. ××县人民政府关于解决我县高寒山区贫困户移民搬迁经费的请示

C. ××县人民政府关于请求将××风景区列为省级自然保护区的请示报告

D. ××市人民政府关于解决抗旱保栽资金物资的请示

E. ××省移民办公室关于对移民办部分内设机构作适当调整的请示

4. 请示的下列结语中，正确的有（　　）。

A. 特此请示，请批复。　　B. 可否？请批准。

C. 妥否，请批复。　　D. 请审批。

E. 特此

四、简答题

1. 某某学校请求县政府拨给10万元修建学生食堂。某副县长告诉学校领导："打个请示报告给我，我来批给你们。"这种说法、做法对不对？为什么？

2. 某县广播电视站在特大洪灾中损失极大，为尽快修复广播电视设施，正常开展工作，该站拟撰文请求上级拨给300万元救灾费。甲说应按惯例写请示报告，为争取

各级领导支持，应主送县广播电视局、县财政局、县政府、分管县长、县委宣传部、地区广播电视局、省广电厅。乙说主要是反映受灾情况，因此应写成情况报告，而且县广播电视局也拨不出经费，不如就不主送县广电局，只主送县政府。这些说法对不对？你认为应该怎么办？请简述理由。

3. 简述请示与报告的区别。

五、阅读分析题

1. 阅读下文，按后面要求答题。

重建税务所办公楼的请示报告

××市地税局、城建局、国土局：

我局所属××镇、××镇、××镇三个税务所，因受灾被洪水冲毁。现决定重建三个税务所办公楼 3 幢，建筑面积 1200 平方米，用作办公室和职工宿舍。共需资金 150 万元，扩土地 3 亩。

特此报告。

××县地税局

2015 年×月×日

（1）一一指出本文毛病。

（2）正确地改写本文。

2. 阅读下文，指出文中错误。

大朝乡人民政府请求解决修建场镇饮水工程所需资金的请示

尊敬的××书记：

大朝乡位于××市元坝区南部，东交昭化镇，西接剑门关、沙坝乡，南靠朝阳乡，北与市中区宝轮镇接壤相连，幅员 57.6 平方公里，平均海拔 890 米，农民人均纯收入不足 500 元。是元坝区最偏僻，经济最不发达，文化、交通都十分落后的较为典型的贫困乡。

长期以来，由于受自然条件和恶劣环境气候的制约，由于行政体制烦琐辗转变更，致使我乡经济和基础建设事业千疮百孔，百业待兴，尤其是水、电、路等基础设施停滞不前，跌入深谷。紧靠乡政府场镇的云苔山，是剑门蜀道——小剑山上不可多得的风景“明珠”，近年来，四方客商川流不息，加之场镇拥有九个单位，800余人（含云苔村部分农户），牲畜500余头，历年来吃水十分困难，经常在一公里以外的溪沟担水饮用。正因为长期饮用这种水质极不卫生的涧溪水，严重危害了人民群众的身体健康，造成少量牲畜无故死亡。每逢天旱，更是苦不堪言。特别是300余名学生因饮不上水，闹得学校鸡犬不宁，弄得政府啼笑皆非。

为了保障人民身体健康，解决人民生活的疾苦，乡党委、乡政府曾多次去有关部门申请，迫切恳求解决燃眉之急，又三次会同昭化水电农机管理站同志，亲临现场，共同寻找水源，最后决定在距乡场镇300米的溪沟处，修建一拦水坝，采用抽水量为$30m^3/h$多级泵将水输入压力池中，通过自来水管将水送至各用户。

该项饮水工程由拦水坝、提水站、压力池、输水管道四大部分构成，所需资金分别为37832.80元、115361.25元、12081.99元和81848.25元；所需管材11.07631吨，水泥42.5吨，条石159.288立方米，块卵石229.228立方米，河砂72.858立方米，整个工程总投资为146875.74元。

为了振兴大朝经济，快速改善基础条件，顺利实施乡人民政府提出的为人民办三件实事（自筹资金24万元与剑雄电站并网，自筹资金14.5万元修建教学大楼，此两项事业目前正紧张有序地进行），然而人饮工程所需资金不可能从人民手中筹措，人民群众集资办事业的负担已经达到了极限。为了使该项工程不胎死腹中，不使人民失望，特恳请领导伸出援助之手，慷慨解囊，解决15万元资金，为荷！

特此请示。

大朝乡人民政府

××××年8月16日

3. 阅读下文，指出文中内容、格式和用语上的毛病。

洪山县民政局文件

洪民（2015）30号　　　　签发人　张××

请求拨款修复老年活动中心的报告

在这次特大洪灾中，我县老年活动中心被洪水和泥石流冲毁。2000平方米的建筑物几乎夷为平地，部分体育、文娱器材、设施被损毁、冲失。为使广大离退休干部、职工有一个休息、娱乐、学习的场所，做到老有所乐、老有所为，必须尽快修复老年活动中心。为此，我们决定修复我县老年活动中心并扩大原有规模，修建三楼一底活动室 2000 平方米，运动场一千平方米。共需基建费 200 万元，扩征土地两亩。

可否，请批准。

附件：修复老年活动中心预算表 1 份

洪山县民政局

2015 年 10 月 20 日

报：××地区民政局

送：洪山县委组织部、县人事局、县老年活动中心。

洪山县民政局办公室　　2015 年 10 月 20 日印发

六、写作题

1. 为适应经济和社会发展的需要，××大学准备新开设社区管理、涉外企业秘书、社会保险 3 个专业，从明年秋季开始招收专科新生。请以该校名义向省教育厅写一篇申报新专业的公文，同时报上开设新专业的可行性论证报告和教学计划。

2. ××省卫生计生委拟以省政府的名义召开全省医改工作会议，需行文请省政府批准。会议拟请各市、州分管市（州）长、卫生计生委主任、省级各部门分管领导、省属各大医院参加，预计共 120 人，开 2 天会。会议内容要传达全国医改工作会议精神，总结我省医改工作经验，探讨医改工作与经济社会可持续发展的关系。拟请省委、省政府领导到会，建议由×××书记作工作报告，由×××副省长传达全国医改工作会议精神。预算为 12 万元，除由卫生计生委提供 5 万元业务费外，其余 7 万元请省政府拨给。请按上述要求代拟文稿。

练习九　批　复

一、判断题

1. 批复的主要特点是有针对性，它总是针对请示被动行文的。这也是批复有别于其他公文的主要之点。（　　）

2.《××县人民政府关于同意组建老年大学给县民政局的批复》这个标题就体现出批复的针对性。（　　）

3.《××市人民政府关于对城市综合管理局行政执法主体资格的批复》这个标题表明了主旨。（　　）

4. 批复内容若涉及其他部门，起草批复时应同有关部门协商，取得一致意见后方可行文。（　　）

5. 一份批复的开头写道："你局×劳发〔2016〕32号请示收悉。"（　　）

二、阅读分析题

1. 阅读下文，分析其写作上的得失。

关于徐村乡人民政府申报兴建砖瓦厂问题的批复

徐村乡人民政府：

你乡12月10日关于申报兴建砖瓦厂的来文收悉。

近几年来，农村盖房用砖量明显增加。今年夏季，郭庄乡、新河乡曾先后申报新建砖瓦厂，南寨砖瓦厂也申请扩建。经调查，最近几年我县已有约百分之四十农户盖了新房；百分之三十的农户近年内不拟盖房，砖瓦需求已相对饱和。邻县情况也相似。我们除同意南寨砖瓦厂扩建，增添新设备外，凡申报新建砖瓦厂的均不拟同意，否则会出现新的矛盾。

××县人民政府

××××年12月20日

2. 阅读下文，一一指出文中错误。

关于若干问题的批复

××乡政府并县住建局、文化局：

对你乡的多次请示，一并答复如下。

一、原则批准你乡作为小城镇综合改革试点乡镇，请与县住建局联系协调有关事宜。

二、今年你乡要盖村民活动室3座，这有利于活跃农村生活，增加宣传阵地。基本同意你们这一要求。

三、你乡提出试行《关于违反小城镇建设规划的处罚办法》，最好不执行，因为这个办法违反上级有关文件规定。

特此作答。

××县人民政府

××××年3月2日

三、写作题

针对本章练习八中第五题之第2题的请示，以××县人民政府的名义写一篇答复的公文。

练习十　议案、纪要

一、判断题

1. 任何机关单位团体都可以根据规定制发议案。（　　）

2. 议案的内容有限定范围，要注意提出议案的可行性，按照法定权限内容范围提出议案。（　　）

3. 人大会议上提交的议案有二次认定性，即须经主席团会议（或者委员长会议、主任会议）审定同意后才能够作为正式议案；经审定决定不作为正式议案提交大会审议的，则改作“建议”“批评”和“意见”另行处理。这是议案有别于其他公文的一个显著特点。（　　）

4. 会议纪要是概括反映会议基本情况、传达会议议定事项和主要精神的公文。（　　）

5. 会议纪要可分为办公会议纪要、其他会议纪要、决议式纪要、概述式（综合式）纪要、记录式纪要等几类。（　　）

6. 办公会议纪要常用专门版头直接印发，其他会议纪要多用通知转发或印发。（　　）

7. 会议纪要常采用第一人称写法，如“我们认为”“我们希望”“我们号召”之类。（　　）

8. 会议纪要的正文写法与其他公文不尽相同，通常由会议组织情况和会议议定事项（或会议主要精神）两部分组成。（　　）

9. 办公会议纪要有时是一文数事，这是它在写法上与其他公文不同之处。（　　）

二、多项选择题

1. 根据制发议案作者的不同，可将议案分为（　　）等类。

A. 政府议案　　B. 组织议案

C. 代表议案　　D. 个人议案

E. 群众议案

2. 下列标题中正确的有（　　）。

A. ××县人民政府议案

B. ××县人民政府关于提请审议××县县花的议案

C. 积极开展社区助老活动确保老有所养

D. 关于加快推进农村土地使用权流转的建议

E. ××州人大民族工作委员会关于加快少数民族地区寄宿制学校建设的议案

3. 会议纪要的主要特点是（　　）。

A. 内容的纪实性　　B. 表述的纪要性

C. 作用的限定性　　D. 写作的及时性

E. 格式的规范性

4. 下列标题中，正确的是（　　）。

A. ××局局长办公会纪要

B. ××大学 2016 年第 6 次校长办公会纪要

C. 关于××街道办事处开展社区教育现场办公会纪要

D. 会议纪要

E. 综合治理，群防群治，加大打假力度

——××县打击假冒伪劣商品座谈会纪要

三、阅读分析题

阅读下文，简要分析这份纪要是否符合该文种写作要求。

绵阳市人民政府

议　事　纪　要

绵府纪要〔2001〕12 号

绵阳市人民政府办公室　　　　2001 年 2 月 27 日

关于协调三江库区绿化有关问题的会议纪要

2001年2月26日下午，受黄××市长的委托，市政府副秘书长廖×在市政府二会议室召开了有关单位负责人参加的协调会议，研究三江工程库区绿化有关问题。现将会议议定事项纪要如下：

一、今年“3·12”植树节活动的重点区域放在三江工程库区，各单位的绿化地段由市建委园林局负责划定。

二、鉴于三江工程库区绿化用地性质不同，可按以下三个类别进行补偿。

（一）由于市政府已将市三江工程局、经济技术开发区和涪城区南郊工业园区的土地收益留归上述单位使用，此次三江工程库区绿化涉及的用地由上述单位无偿提供，其中占用上述单位已征用的土地可按照每亩六千元至八千元的标准由市财政给予补偿。

（二）由于市政府已征用游仙区部分土地，此次三江工程库区绿化涉及游仙区土地，农民的青苗费由游仙区政府负责给予补偿。

（三）不在以上范围内的绿化用地，由市建委统一征用并按有关规定标准给予补偿。

三、有关部门要认真做好绿化用地沿途单位和群众的宣传解释工作，确保植树节活动的顺利进行。

参加会议的有：市建委副主任席××、规划处处长罗××，市园林局局长管××，市三江工程局副局长官××，涪城区政府副区长罗×，游仙区政府副区长李××，市经济技术开发区管委会副主任胡×。

（记录整理陈×）

发：港城、游仙区人民政府，市经济技术开发区管委会，市建委、财政局、国土局、三江局、林业局。

送：市委办公室。

四、写作题

1. 根据本章练习五第四题之第6题的会议记录，以县政府办公室的名义写一篇办公会议纪要。

2. 参加学校（或系、班）组织的一次会议，就会议议定事项或基本精神写一篇会议纪要。

练习十一　函

一、判断题

1. 函是机关单位之间商洽工作、询问和答复问题，或者向有关主管部门请求批准、主管部门答复审批事项所使用的一种公文。（　　）

2. 函是平行文，主要用于平行的和不相隶属的机关单位之间。（　　）

3. ××县民政局行文请求县财政局增拨扶贫解困资金，应该使用的文种是函。（　　）

4. 特殊情况下，函也可以用于上下级机关单位之间联系处理一些事务性的事宜问题。（　　）

二、单项选择题

1. ××市信访办答复群众来信，应该使用的文种是（　　）。

A. 通知　　B. 报告

C. 通报　　D. 函

2. ××市人力资源社会保障局拟行文到××大学了解本地在该校就读的毕业生的情况，应该使用的文种是（　　）。

A. 请示　　B. 报告

C. 意见　　D. 函

3. 审批函的下列标题中，最好的是（　　）。

A. ××市公务员局关于同意录用×××等3人为公务员的复函

B. ××市公务员局关于批准录用×××等3人为公务员的复函

C. ××市公务员局关于录用×××等3人为公务员的复函

D. ××市公务员局关于录用×××等3人的审批函

4. 请求批准函的下列标题中，最好的是（　　）。

A. ××市教育局关于录用×××等3人为公务员的函

B. ××市教育局关于请求批准录用×××等3人为公务员的申报函

C. ××市教育局关于批准×××等3人为公务员的函

D. ××市教育局关于录用×××等3人为公务员的申报函

三、阅读分析题

1. 阅读下文，一一指出文中内容、语言和格式上的毛病。

××县人事局文件

×人（2015）41号　　　　　　　　　　　　　　　　签发人×××

申请购买面包车的请示

××县财政局：

近年来，随着专业技术人员职称、执业考试、公务员录用考试、公选领导干部考试等各种考试激增，领取、运送试卷工作量大大增加，我局车辆已不敷应用。为此，特请求拨款25万元购买12座面包车1辆。可否，请予批准。

××县人事局

2015年8月25日

送：县财政局、县政府办公室。

××县人事局办公室　　　　　　　　　　　　　　2015年8月25日印发

---

2. 阅读下文，一一指出文中格式和用语上的错误。

关于拨付法制教育经费的报告

××市财政局：

按照市委、市政府的部署，我市近期将在广大干部和群众中开展依法治市、依法行政的教育。根据×委发〔2015〕16号文件的规定，请你局拨给我局法制教育经费25万元。可否，请批准。

××市司法局

2015年2月25日

3. 下面是一份函的两种写法，试分析比较哪种写法更恰当。

关于××商厦准备经保工作经验材料的函

××市商业局：

你局××商厦狠抓安全保卫工作，成绩突出。经市综合治理办公室同意，我局准备于12月中旬召开全市经保工作经验交流会，请××商厦在会上介绍加强内部防范工作经验。请速通知该单位，于12月中旬将此材料报送我局×处秘书科（写作要求附后）。

此致

敬礼！

××市公安局

2013年11月20日

关于邀请××商厦准备经保工作经验材料的函

××市商业局：

经市结合治理办公室同意，我局12月下旬召开全市经保工作经验交流会。据悉，你局××商厦狠抓安全保卫工作，取得了突出的成绩，特请该商厦在会上介绍加强内部防范工作的经验。如蒙同意，即请通知该单位，于12月中旬将经验介绍材料交我局×处秘书科。

此致

敬礼！

××市公安局

2013年11月20日

四、写作题

1. ××自治州财政局根据《中共××州委组织部××州人力资源和社会保障局××州公务员局关于2016年公开考试录用公务员（参公人员）的公告》的规定，对报考该局考生进行了统一考试、面试、体检、考察、公示。经局党组研究，决定录用×××、×××、×××、×××等4人为国家公务员。按规定，须报经州公务员局批准。请以州财政局名义撰写一篇公文报州公务员局审批。

2. ××医科大学博士生导师刘××是留学外国多年学成归国的有突出贡献的年轻教授，他对师生作的《不羡安乐恋故土，一腔热血报中华》的报告深受欢迎。××师大闻讯后，拟致函医大邀请刘××到校作报告。请以××师大名义写一篇函给医大。

3. 针对1题来文写一篇审批函。

4. 针对本练习第三题之第2题的来函写一篇批准函。

第七章 法规、规章和管理规章文书

一、判断题

1. 法规和规章都是用于规范化、制度化管理的文书，二者并没有什么不同。（　　）

2. 法规和规章在逐条作出具体规定时，应该说明作出这条规定的原因。（　　）

3. 法规和规章通常用“令”“命令”和“公告”“决定”发布。（　　）

4. 管理规章就是通常所说的规章制度，任何单位都可以制定各种规章制度。（　　）

5. 条例只能用作法规；章程只能用作规章；规定和办法既可用作法规，又可用作规章。（　　）

6. 章程的简化形式就是简章，所以简章实际上就是简要的章程。（　　）

7. 守则、准则和规则都是制定的工作、行为的规范和纪律要求，强制性十分明显。（　　）

8. 某股份制企业实行效益工资，可以直接制定《效益工资实施细则》。（　　）

9. 层次较多、内容较丰富的管理规章，宜采用章断条连式写法。（　　）

10. ××县人民政府为整顿管理好农贸市场，可以制定《××市农贸市场管理条例》。（　　）

二、单项选择题

1. 管理规章具有行政效力、组织效力或纪律效力，违反规章就是（　　）行为。

A. 违法　　B. 违宪

C. 违政违纪　　D. 违反党纪国法

2. 下列标题中，错误的有（　　）。

A. ××学校学生管理条例　　B. 中国共产党纪律处分条例

C. ××市城市管理条例　　D. ××局党员干部廉政条例

2. 条例可以用作（　　）。

A. 法律　B. 法规　C. 规章　D. 管理规章

3. 下列说法中，正确的是（　　）。

A. 为加强规范性管理，本单位制定了一系列法规性文件

B. 法律、法规、规章和管理规章统称为法规性文件

C. 不能把单位制定的管理规章称为法规性文件

D. 只有法律才能够称为法规性文件

4.《中小学生守则》这个标题是（　　）的形式。

A. 适用范围（或适用对象）＋规范事项＋文种

B. 公文式

C. 新闻式

D. 四项式

三、多项选择题

1. 法规包括（　　）。

A. 国务院行政法规　B. 各级地方政府法规

C. 国务院部门法规　D. 地方性法规

E. 党内法规

2. 法规与规章的主要区别在于（　　）。

A. 制发主体不同　B. 写作体式不同

C. 实施效用不同　D. 篇幅长短不同

E. 制发程序不同

3. 下列标题中，错误的有（　　）。

A. ××学校学生管理条例

B. 中国共产党纪律处分条例

C. ××市城市管理条例

D. ××局党员干部廉政条例

E. 个体工商户条例（2014 年 2 月 19 日国务院令发布）

4. 管理规章的写作内容顺序有很强的逻辑规律性，即（　　）。

A. 先总说后分说　B. 从一般到特殊

C. 从原则到具体　D. 从奖励到惩处

E. 从主要到次要

5. 发布标识采用题下签注与文尾签注两种方式，其内容包括（　　）。

A. 批准机关或会议名称　　B. 批准或通过日期

C. 发布机关名称　　D. 发布日期

E. 生效日期

6. 管理规章可采用（　　）等结构形式。

A. 章断条连式　　B. 贯通式（多段式）

C. 条文并列式　　D. 图表式

E. 总分条文式

四、阅读分析题

1. 评改下面这则管理规章。

××县交通局经济责任制暂行条例

长期以来，我局各企业由于经营管理不善，存在着吃大锅饭的现象，损失严重，加之社会非专业运输车辆的竞争，货源不足，从××年以来连年亏损。企业资金紧缺，车辆破坏的不能更新，连发工资也成了问题。全局×个运输企业，×个修理厂面临着“倒闭”的危险。在这种情况下，局企业整顿办公室深入各企业进行了详细的调整研究，走访了外系统经营管理好的企业，认识到在新时期企业要想生存下去，彻底扭转这种局面，首先要从管理入手，在加强企业管理的同时，把国家、集体、个人三者之间的利益联系起来，克服长期以来干好干坏一个样吃大锅饭的现象，以充分调动广大人民群众的积极性。为此，在经过反复调查研究和广泛征求意见的基础上，制定了以浮动工资为中心的经济责任制暂行条例：

一、各企业首先要解决人浮于事的问题，实行严格的售货员定额，其余的人员抽出来广开门路，解决吃饭问题或组织起来进行培训，决不能撒手不管，放任自流。

二、明确各车间（科室）的职责分工，每一个职工都要明确自己的职责，严格实行岗位责任制。

三、按归口分级管理的原则将企业的经济技术指标层层分解落实，能落实到哪一级就落实到哪一级。能实行计件工资的工种，一定实行计件工资。

四、对不同的部门，根据不同的指标，制定各项指标的浮动分数，企业根据车间、班组以及个人对这些指标完成的好坏加减分数，月终以各自得分的多少作为奖惩的依据。具体办法由企业自行制定报局备案。

为保证经济责任制的顺利进行，对各企业提出如下要求：

一、加强领导，务单位必须成立经济责任制推行小组，由一名书记或经理（厂长）亲自挂帅，抽调各职能部门精通业务的人员参加。

二、加强企业管理和基础工作，建立健全各项原始记录，搞好基础统计。使专业核算和群众核算相结合，处理好相互关联部门的衔接关系，对相互制约的工作，一定要做出明确规定，避免互相扯皮。

三、奖惩严明，经济责任制在执行过程中该奖的要奖，该罚的一定要罚，不能说了不算，挫伤群众的积极性。

××××年×月×日

2. 评改下面这则规定。

关于解决文山会海问题的规定

“文山会海”助长官僚主义作风，更为甚者它是导致领导核心脱离群众，脱离实际，影响工作效率提高的症结。它有害于建设和改革，有损于党的优良作风，必须予以解决。根据中央关于改进工作作风、密切联系群众的八项规定，结合我县实际，特作如下规定。

一、必须精简会议。每周一、三、五 3 天定为县里无会日。

二、严格控制会议次数。凡召集乡、镇、局副职以上干部开会，会议的组织者要按照分工，事先分别向县委办公室、政府办公室挂号，经过平衡，报县委书记、县长批准后，方得开会。

三、压缩会议规模，减少陪会人员。各种会议要精心安排，做到有关的单位参加；可一人参加的不让 2 人参加；只需工作人员参加的，不再通知领导干部参加。今后县里召开会议，无特殊需要的，各委归口单位不参加，会议的贯彻执行落实由各委统一安排。

四、提倡开短会、小会、联合会。除县党代会、县人代会、县政协会外，其他会议最长的不超过 2 天。凡能联合召开的会议不再单独召开。不开或尽量减少“单打一”的会议。凡任务紧急又涉及全县的，可召开电话或网络会议。

五、提倡现场办公，到基层解决问题。

六、改革开会方法。凡大型会议有报告材料的，向与会人员印发文稿，不再作会议报告，在会议文稿的基础上，领导作总结性报告。会中一般不出简报。

七、大力裁减文件。县委、县政府发文件要由办公室严格把关。县委、县政府各办一种信息简报，各部、委、办不再另搞信息简报，下发文件也要尽量压缩。部、委、办召开会议，不发文字会议通知和编组名单、日程安排等。各种会议，事先不印发典型发言材料，根据需要会后整理印发。

八、精炼文件内容，提倡写短文。写有情况有分析的文章，改进文风，剔除空话、套话，克服文牍主义、形式主义。琐碎小事不向下要文字材料，不滥发文件、表格。

九、要经常深入基层，面对面了解情况，传达意见。

十、加快文件批办速度。对乡、镇、局等基层单位的请示、报告，从收文之日起，10 日之内必须提出回复意见。对上级来文也要及时批阅、承办，一般要在文到之日起 5 天之内提出承办意见。

以上十条希望各单位监督执行。

2014 年×月×日

3. 评改下面这个制度。

××学院电教设备管理使用制度

一、电教设备管理

1. 电教设备、器材经验收合格后按学院有关规定登记造册入库，按设备品目建立设备卡片。低值易耗工具、材料记入低质耗品账册。保管人员对各种设备、器材、工具、材料应做到账、物、卡相符。

2. 对于大型精密电教设备要建立档案，由专人管理使用。使用人应认真填写《大型精密仪器履历书》和《设备使用记录本》，以便及时掌握设备使用情况及完好状况。

3. 借、领电教设备、器材要严格履行各种借、领用手续，物品出库要有有关领导签字的代用单或领用单。库房重地，非保管人员未经允许不得擅自进入。

4. 做好日常保养工作。每台设备均应有保护罩，防止落灰、日晒、雨淋。对于某些电器设备要定期通风、通电，机械部分按规定定期加油，磁头部分要定期用清洗带清洗，用消磁器消磁。经常检查，防止丢掉配件，防止松动，防止过热，防止不应有的摩擦、碰撞。

5. 遇有设备出现故障，应立即停止使用，及时报告主管部门领导，并送技术室或设备维修室维修，不得私自拆卸。大型精密仪器设备应由技术水平较高的技术人员检修或送专业维修部门修理。送专业维修部门修理的设备，由管理人员负责送修和取回，并将维修记录填入《大型精密仪器履历书》和《设备使用记录本》。

6. 爱护国家财产，精心使用电教设备、器材。丢失电教设备、器材或违反操作规程致使设备、器材损坏者，要照价赔偿，对不按时归还设备、器材的部门和个人，视其情节轻重予以教育或罚款。

二、电教设备使用

1. 各系、处、室、部门因教育、教学需借用电教设备，凭经手人写明事由、使用时间、地点、归还时间及同部门负责人签字或加盖部门公章的借条借用电教设备。

2. 外借或非教育教学使用电教设备，凭经手人写明事由、使用时间、地点、归还日期及由主管院长签字的借条借用电教设备。

3. 电教室工作人员按分工借用有关设备，有关设备不作私用，不外借。消耗品、设备维修用材料、元器件，根据实际工作需要，填写好用途、数量，经有关领导签字后领用。

4. 借、还设备、器材时当面清点、检验，若有损坏或遗失，由有关部门或个人按价赔偿。

4. 分析下面这篇公约写作上存在的问题。

××村文明公约

一、为了加强完善村环境卫生，巩固和发展环境卫生成果，每户村民每月交纳垃圾清理费10元，在村收取养老保险费时一次交清全年清理费。对于不交户，不予收取养老保险费、合作医疗费，取消一切政府优惠政策，不予办理一切事务。

二、积极支持小城镇建设，按时交纳修路集资款，对没交足的村民实施暂时扣车、禁止婚丧通行等措施。

三、加快精神文明建设步伐，每户必须安装电视机或者有线广播，否则罚款100—200元。

四、积极配合上级领导工作，无理阻碍公务人员执行公务，情节较轻者每人罚款200—300元，情节严重者移交公安机关处理。

五、保持安定和谐，村民上访须经村干部批准，否则扣除粮食补偿款1年至10年。

六、遵纪守法，乱搞不正当男女两性关系的，各罚款1500元。

××村党支部　村委会

××××年8月

五、写作题

1. 阅读下面一段文字，然后按要求写作“规则”。

南山中学是一所新办中学。图书馆开放初期，由于还没有建立规章制度，管理员经验不足，部分师生又不很自觉，以致图书的借阅和管理十分混乱；开放时间不固定，有的人什么时候都来借；有的人拿别人的借书证来借；借书数量没有规定，有的人跟管理员关系好，可以一次借十几本；有的人借书长期不还；有的人丢失、损坏图书不赔偿；还有一些人不能外借的重要图书也借去了。总之是无章可循，既不便于图书的管理，又不利于图书的流通和使用。为了改变这种混乱现象，完备借书制度，南山中学图书馆准备制定“借书规则”，现在请你执笔起草。要求：

（1）要针对存在的问题予以纠正；

（2）用条文并列式结构，语言要简要可行；

（3）格式要完整。

2. 将上面《××村文明公约》改写正确。

第八章 计划、决策与反馈文书

一、判断题

1. 可行性论证报告的结论是在前文对项目（课题）充分分析论证的基础上得出的科学性结论。（　　）

2. 可行性论证报告具有为领导机关或领导者重要决策方案提供决策依据和权威性参考意见的作用。（　　）

3. 科学的预见性、现实的可行性构成了计划的全部特点。（　　）

4. 总结注重群体性的特点，一是指总结要反映群众的实践，二是指写总结要依靠群众，集中群众的智慧。（　　）

5. 总结是人们对前一阶段工作回顾、反思、分析，找出经验教训，用以指导今后工作的一种公务文书。（　　）

6. ××研究院1997年度总结（　　）

7. 写作总结特别是一个单位的全面工作总结时，要兼顾全面，平均用力。（　　）

8. 总结正文采用分部式结构时，要把总结的内容如工作情况、工作成绩和经验教训等，按时间顺序来划分和安排材料。（　　）

9. 工作研究通常只需提出问题、分析问题。（　　）

二、单项选择题

1. 强化综合治理，搞好社区服务

——××市城管委街道管理工作总结

总结的这个标题属（　　）。

A. 公文式标题　　B. 四项式标题

C. 新闻式单标题　　D. 新闻式双标题

2. 工作研究通常遵循（　　）的逻辑思路来安排结构。

A. 总分思路

B. “提出问题—分析问题—解决问题”的递进思路

C. 因果思路

D. 比较思路

3.《劳务输出是贫困地区经济起飞的有效途径》工作研究的这一标题属（　　）的写法。

A. 提出问题，引人深思　　B. 指明研究探讨的对象

C. 揭示文章基本观点　　D. 正副标题结合的双标题

三、多项选择题

1. 计划的主要内容包括（　　）等要素。

A. 目标和任务　　B. 措施和办法

C. 步骤和时间　　D. 人力和财力

E. 检查和督促

2. 下列标题中正确的有（　　）。

A. ××市××局计划　　B. ××市民政局1998年扶贫助残工作计划

C. ××学院1998年工作设想　　D. ××短训班教学工作安排

E. 中国卫生发展与改革纲要

3. 下列标题中错误的有（　　）。

A. 四川省人民政府1998年工作要点

B. ××市××局1998年创文明单位规划

C. ××公司方案

D. ××厂技改方案

E. ××地区1996—2000年经济和社会发展规划

4. 总结具有实践性的特点主要在于总结是当事人实践活动的真实反映，这具体表现在（　　）。

A. 总结的内容完全忠实于当事人自身的实践活动

B. 总结的观点是从自身实践中抽象出来的认识和规律

C. 总结采用第一人称写法

D. 为显客观，总结有时也采用第三人称角度

E. 总结有时也可具体借鉴、汲取、反映上级机关、领导部门的工作情况

5. 总结的主体部分主要包括（　　　）等内容。

A. 做法、成绩与经验　　　　B. 为什么取得成绩的体会

C. 问题与教训　　　　D. 存在缺点和不足的分析

E. 设想和努力方向

6. 工作研究具有（　　　）等特点。

A. 论题的迫切性和极强的针对性

B. 对策的探索性和严谨的科学性

C. 鲜明的实践指导性和切实的可行性

D. 灵活的自由表述性和显著的个体独创性

E. 决策的科学性和领导的民主性

四、填空题

1.《关于××厂引进浮法玻璃生产线的可行性论证报告》是____________式标题，《××公司兼并××厂可行性论证报告》是____________式标题。

2. 可行性论证报告的写作，已成为____________的重要环节。

3. 任务、措施、完成时间、督查等四方面内容就是计划内容必需的四要素，即回答、____________、____________和____________。

4. 总结要注重理论性的特点，不仅要写出“是什么”“怎么样”，还要阐明____________和____________。

5.《××公司财务大检查自查总结》这个标题的作用是____________。

五、阅读分析题

阅读下面这篇总结，按文后要求答题。

放手发展多种经营　努力增加农民收入

近年来，武昌县委、县政府在稳定发展粮棉油生产的同时，把突出发展多种经营作为增加农民收入的突破口，充分利用现有土地资源，依托近城优势，建设具有地方特色的城郊经济，显示出“服务城市、富裕农村”的战略效应。1993年，全县人均纯收入达到1107元，比上年增加310元，增长38.9%，成为全省农村人均纯收入增幅最高的县。我县的主要做法是：

（一）积极引导，鼓励发展。县委、县政府把发展多种经营作为农民增收的主要渠道，制定了鼓励发展多种经营的政策，并不断总结经验，推广典型，将全县发展多种

经营的各类专业户、典型户、示范户的经验进行总结，编印《致富百颗星》一书，把身边看得见、学得到的典型介绍给农民，有效地激发了农民的积极性。

（二）因地制宜，发扬优势。全县各地针对自身优势，寻找突破口。近城地区以发展蔬菜、鸡为主，沿湖地区以发展水产品和养鸭、鹅为主，丘陵地区以发展林、果、茶、瓜、生姜等为主。走一乡一品，一村一品，一户一品的路子，形成规模效应。全县初步形成了“山脚林果茶，山腰油果杉，山顶混交杂，庭院园林化，湖区林网化，水上莲鹅鸭，水中鱼蟹虾”的多种经营布局。到1993年底，已建成林果茶基地40万亩，水产品养殖基地30万亩。年产水果5000吨，茶叶745吨，鲜鱼2.78万吨，年增加活木积蓄量3万立方米，分别比上年增长16.7%、16.2%、23.6%和4.8%；年产值达到1.25亿元，创纯利6265万元。

（三）综合利用，立体种养。全县广泛运用食物链、生物链和产业链的理论，在种、养、加方面创造出多种立体开发模式。根据植物相生、伴生、互生与序生规律，在林果基地间作套种粮、油、药、茶、瓜等，实行以短养长，取得最佳效果。全县1993年多种经营间作套种13万亩，亩平收入500元，有的高达1000元。全县推广用农副产品加工的下脚料喂猪养禽，用畜禽粪便养鱼，最后用塘泥肥田，综合利用，极大地促进了畜牧业的发展。1993年全县生猪出栏达到35.5万头，家禽出笼741万只，鲜蛋产量1.93万吨，分别比上年增长11%、40.3%和178%。

（四）大力发展乡镇企业和个体、私营经济。一是抓乡村两级重点企业的突破。去年，全县开展了“创亿元乡镇、千万元村”的活动，到去年底，全县已有企业产值过1000万元的村8个、500万元的村15个、100万元的村104个，过亿元的乡镇12个。1993年，全县完成乡镇企业产值28.4亿元，实现利税1.687亿元，分别比上年增长99.4%和36%；农民在乡镇企业务工人数达到81587人，比上年增加1723人，人平收入比上年增长43.7%；从事第三产业的农民比上年增加3800余人，人平年收入在3000元以上。二是放手发展个体私营企业，支持、鼓励农村剩余劳动力从事个体、私营经济。给个体、私营经济发展创造良好的外部环境，鼓励合法经营。到1993年，全县已发展个体、私营企业16640个，总产值达9.3亿元，分别比上年增长1.1倍和1.3倍。

武昌县人民政府

一九九四年元月

1. 本文标题属__________式标题，其作用是__________。

2. 开头采用了（　　）等方式。

A. 概述情况　　B. 提出结论

C. 提示内容　　D. 作出设问

E. 运用比较

3. 全文采用了（ ）结构形式。

A. 分部式　　B. 阶段式

C. 总分条文式　　D. 贯通式

4. 主体部分主要写了（ ）。

A. 做法、成绩与经验　　B. 问题与教训

C. 设想与努力方向　　D. 以上三个方面

5. 本文显示主旨采用了（ ）的方法。

A. 呼应显旨　　B. 开宗托旨

C. 篇末点旨　　D. 转换揭旨

6. 本文主旨是________________。

7. 本文安排材料主要采用了（ ）的方法。

A. 先亮观点，后举材料　　B. 先举材料，后亮观点

C. 边举材料，边亮观点　　D. 既摆事实，又讲道理

8. 本文主体部分各条文都有________句，其作用是__________。

9. 本文采用了__________等表达方式。

10. 本文大量采用了__________等说明方法。

第九章 公务信息文书

一、判断题

1. 调查报告有客观真实性，只要报告若干真实的事，就能说服读者。（　　）

2. 调查报告要关注社会“热点”问题，反映人们所关心、迫切需要解决和回答的问题，所以它不涉及历史问题、不涉及历史事件的调查。（　　）

3. 调查报告把调查研究的结果向上级汇报，因此它可代替法定公文报告行文。（　　）

4. 有目的地采写调查报告，就是带着结论到生活中去找例子。（　　）

5. 调查报告要用事实说话，因此材料排列得越多越能说明问题。（　　）

6. 介绍经验的调查报告，它的经验需成熟典型、有代表性和说服力，还需有普遍意义的认识价值。（　　）

7. 调查报告的观点来自调查材料。（　　）

8. 简报与调查报告都是对某些情况的真实反映。（　　）

9. 调查报告的前言部分应是有关调查工作本身概况的记写。（　　）

10. 简报是用来汇报工作的。（　　）

11. 简报可以上情下达，因此它具有权威性、强制性和约束力。（　　）

12. 简报虽然要快，但除会议简报外，在快上无论如何也难和消息媲美。因为当天发生的事实，当天即可见报。甚至几个小时前发生的事，也能通过电视、广播传递。（　　）

13. 机密程度高的简报，在报头的左上角应注明简报印数的编号。（　　）

14. 简报的正文一定由标题、开头、主体、结尾组成。（　　）

15. 每份简报都应有编者按。（　　）

16. 采用转发式写法的简报，要配编者按，对转发的材料进行提示、评论，表明编者的观点。（　　）

17. 采用集锦、动态式写法的简报，是选取不同的典型材料，分别写成几则“动态”“情况”，把它们集纳在一篇简报中。（ ）

18. 简报正文结束的右下方写有供稿者×××，则表明简报的写作主体不是编印单位。（ ）

19. 简报可以代替公文中的“请示”“指示”。（ ）

20. 正确的信息是领导决策的基础和依据。（ ）

21. 公务信息具有政策性强的特点。（ ）

22. 公务信息的价值在很大程度上取决于时效，因此对信息的反应要快、搜集要快、整理要快、传递要快。（ ）

23. 公务信息偏重于对信息的“提供”，调查报告离不开对材料的“分析”。（ ）

二、单项选择题

1. 调查报告调查对象的第一人选是（ ）。

A. 单位的领导　　B. 单位的一般人员

C. 与调查有关的当事人　　D. 单位的党员同志

2. 开调查座谈会，首先要做的工作是（ ）。

A. 找三五个人参加会议　　B. 发“安民告示”

C. 对问题进行全方位调查　　D. 通知领导到会

3. 调查报告收集材料的要求是（ ）。

A. 有感性认识　　B. 理论材料

C. 以十当一　　D. 观点鲜明

4. 下面一篇调查报告的开头属于（ ）。

省政协经济委员会调查组会同省级有关部门先后到乐山、雅安、阿坝等市地州调查水能资源开发，普遍反映制约水能资源开发的一个突出矛盾是价格问题。

A. 介绍调查对象情况　　B. 提出调查研究所要回答的问题

C. 说明调查研究工作本身情况　　D. 分析调查报告内容的重要意义

5.《关于农村情况与农村读物的调查报告》这一标题属（ ）。

A. 新闻式标题　　B. 公文式标题

C. 文学式标题　　D. 文章式标题

6. 下列名称中，不可用作简报名称的是（ ）。

A. 内部参考　　B. 会议纪要

C. ××动态　　D. ××简报

7. 简报的“简”最主要是指（　　）。

A. 篇幅短小　B. 文字不多　C. 信息量少　D. 文约意明

8. 简报不具备的特点是（　　）。

A. 向上级请示　B. 汇报工作

C. 交流经验　D. 上情下达

9. 下列各项中，属简报按语写作要求的有（　　）。

A. 对原文进行复述　B. 符合原文的基本精神

C. 符合被转发单位的意图　D. 为按语写作标题

10. 专门报道交流有关重要会议内容和情况的简报是（　　）。

A. 简讯　B. 内部参考　C. 信息快报　D. 会议简报

11. 下列各项中不属于公务信息特点的是（　　）。

A. 宏观性　B. 说明性　C. 广泛性　D. 真实性

三、多项选择题

1. 调查报告的标题形式有（　　）。

A. 公文式标题　B. 新闻式标题

C. 文学式标题　D. 多行式标题

E. 形象化式标题

2. 要对某小区新建居民住宅楼的质量进行调查，用以反映调查结果的调查报告可以是（　　）。

A. 介绍典型经验的调查报告　B. 揭露问题的调查报告

C. 考察历史事实的调查报告　D. 反映新生事物的调查报告

E. 反映基本情况的调查报告

3. 调查报告的正文结构形式有（　　）。

A. 纵式结构　B. 综合式结构

C. 总分式结构　D. 辐射式结构

E. 横式结构

4. 下列各项，不属于调查报告的有（　　）。

A. 只需用事实说话，有纪实性

B. 材料需来自当前社会，有新闻真实性

C. 围绕中心工作，有明确的针对性

D. 立足反映现实生活，有一定时效性

E. 对报告的情况应提出看法、表示，态度有较强的事理性

5. 写作调查报告应克服的毛病（　　）。

A. 空泛议论　　B. 事理交融

C. 堆砌材料　　D. 好而短小

E. 以偏概全

6. 从简报的使用范围看，它可用于（　　）。

A. 向上级机关反映情况　　B. 向下级机关传递指挥性意见

C. 向平级机关请求批准　　D. 向平行机关沟通信息

E. 向上级机关请求指示

7. 根据编者按的内容，它可分为（　　）。

A. 概括性按语　　B. 评价性按语

C. 说明性按语　　D. 提示性按语

E. 小结性按语

8. 简报的“新”主要指（　　）。

A. 经验新　　B. 情况新

C. 动向新　　D. 结构新

E. 语言新

9. 简报的写作要求是（　　）。

A. 报忧报喜　　B. 客观反映情况

C. 合理想象　　D. 强调时效性

E. 呈上汇报

10. 简报中按语的作用有（　　）。

A. 说明　　B. 告知

C. 评论　　D. 指示

E. 重复

11. 简报文面格式的组成部分有（　　）。

A. 报头　　B. 主送机关

C. 正文　　D. 签发人

E. 报尾

12. 下列各项中不符合公务信息真实性要求的有（　　）。

A. 客观存在的事实　　B. 主观臆造的事实

C. 合理想象的事实　　D. 虚构、粉饰的事实

E. 人为包装的事实

13. 有价值的公务信息指（　　）。

A. 热点问题　　B. 重大事件

C. 对照信息　　D. 前瞻信息

E. 重大灾情

14. 公务信息的作用有（　　）。

A. 沟通部门之间的关系　　B. 代替决策层发号施令

C. 辅助领导决策，提供信息服务　　D. 部署安排工作

E. 组织社会舆论

15. 公务信息的及时性表现在（　　）。

A. 快搜集　　B. 快整理

C. 不放“马后炮”　　D. 抓住机遇

E. 快传递

16. 写作公务信息要求做到（　　）。

A. 内容要新颖　　B. 传递要及时

C. 速度要快捷　　D. 材料要真实

E. 有利于储存

四、填空题

1. 调查报告是“调查”与“报告”的有机结合，调查是报告____________，“报告”是对调查情况____________的具体体现。

2. 调查报告的作用包括依据作用、指导作用、____________和培养____________的作用。

3. 尊重事实，刻意求真是调查报告____________的根本保证。

4. 对调查得来的材料要进行认真的科学分析研究。这一工作可以用“去粗取精，____________、____________”等12个字概括。

5. 简报的特点有________、________、________、________。

6. 简报的密级分____________、____________、____________。

7. 简报的编者按是____________观点的体现，主要是对简报反映的事实作出____________、____________和____________。

8. 会议简报是____________在会议期间编写的。

9. 公务信息是为____________提供信息服务的。

10. ____________是公务信息的生命所在。

11. ____________、____________是公务信息与简报的重要区别。

五、简答题

1. 调查报告有哪些作用？

2. 调查报告的特点是什么？

3. 按调查报告的内容和作用分，它可以分为哪几类？

4. 简述搞好调查研究的几个环节。

5. 简报有何作用？

6. 会议简报的写作内容有哪些？

7. 简报与报告有什么区别？

六、阅读分析题

1. 阅读下文《关于加快水能资源开发、亟须解决价格政策问题的调查报告》，按要求回答下列问题：

（1）本文标题属于____________标题，其作用是____________。

（2）本文属于____________结构。

（3）本文的主旨是什么？支撑这个观点的材料有哪些？

（4）从内容和作用划分，本文属于____________的调查报告。

（5）该文与新闻中的调查报告有何区别？

关于加快水能资源开发、亟须解决价格政策问题的调查报告

省政协经济委员会调查组会同省级有关部门先后到乐山、雅安、阿坝等市地州调查水能资源开发，普遍反映制约水能资源开发的一个突出矛盾是价格问题。

四川水能资源居全国之冠，是四川省诸多资源优势中最为突出的优势。全省有大小河流1419条，可开发利用的水能资源达9166万千瓦。水能资源与矿产资源相结合形成巨大的组合优势，为全省经济开发、为“老少边穷”地区经济发展和脱贫致富展示了一条广阔的大道和光辉的前景。

以阿坝州岷江上游水能资源开发为例。党的十一届三中全会以来，阿坝州调整经济发展战略，改单纯“伐木”为重点“抓水”，走水路、办电厂，走出了一条“以水发电、以电兴工、以电促农、以电护林”的良性循环之路。近几年来建成的一批中小水电站，已取得良好的经济和社会效益。如装机容量3万千瓦的草坡水电站，在建成5年零8个月时间内，带动汶川县新建了一批冶金、电子、化工等工业企业，使汶川县成为阿坝州新兴的外向型工业区。这个水电站，不但为当地企业提供了10多亿千瓦小时电，还向成都地区输送9亿多千瓦小时电，为缓解成都地区电力紧张作出了重要贡

献。1990 年开始建设的装机容量 26 千瓦的太平驿电站，第一台机组已建成投产发电，全部建成投产后发电量可达 17.2 亿千瓦小时。

阿坝州水能资源蕴藏量 1600 万千瓦，可开发量 700 万千瓦，已开发 56 万千瓦，占可开发量的 8%，潜力还很大。但由于电价过低，企业无法还贷，开发受阻。阿坝州中小水电上网市价每千瓦小时只有几分，一般均低于省定保护价每千瓦小时 9 分，就是效益很好的草坡电站，虽已建成 5 年多，至今仍有 2200 万元贷款未还，原因是每年收入支付贷款利息后所余无几，难以偿还欠贷本金。草坡河已建、正建、拟建的 8 座小水电站，装机总容量 9.9 万千瓦，按 8 年还本付息测算，电价需定为每千瓦小时 2 角 2 分，才能按期偿还贷款本息。又据太平驿电站测算，8 年还清贷款本息，每千瓦小时电价需定为 4 角 1 分。太平驿电站分析电价提高的主要因素。一是实行 17%的增值税后，每千瓦小时电要多付税款 0.067 元；二是税前还贷改为税后还贷，每千瓦小时电成本增加 0.07 元；三是五年期贷款利息由 8.28%提高到 14.04%以后，每千瓦小时电多付利息 0.03 元。地方和企业一致反映，在加快建立市场经济的大环境中，如再不按价格规律办事，适时调整过低电价，将会严重影响水能资源的开发和电力工业的发展。电价是一个带有普遍性的问题，乐山市、雅安地区反映也非常强烈。据省水电厅测算，绵阳红岩、理县红叶、万县赶场、万县鱼背、汶川黑土坡、洪雅高凤山 6 个新设计的中小水电站，装机容量最小的 1.6 万千瓦，最大的达 7.5 万千瓦，总投资中贷款部分一般占 70%以上，按 10 年到 12 年还清贷款计算，每千瓦小时电价应分别定为 2 角 2 分到 4 角 8 分。但现行中小水电上网电价，1985 年以前建成的，每千瓦小时只有 9 分；1985 年以后建成的，每千瓦小时也只有 1 角到 2 角。新建电站如果仍然执行现电价，根本无法还贷。

为了能够充分发挥我省水能资源优势，加快中小水电站的建设，必须解决电价过低的问题，以保护和鼓励办电的积极性。根据上述情况，兼顾各方面的利益关系和承受能力，我们建议：凡新建中小水电站可实行“还本付息电价”。即在计划规定的还本付息期间，所发电量全部进入市场调节，按成本、税金、合理利润核定售电价格，以保证能够按期偿还贷款本息。由于各建设单位的情况不同，可实行一厂一价。这个电价只适用于还本付息的规定时间，还清贷款本息之后，再执行当时市场的平均价格。新建中小水电站实行“还本付息电价”，既有利于调动各级、各方面办电的积极性，加快中小水电站的建设，又适应建立市场经济的要求，不会过多地增加各单位的负担。因此，希望省政府考虑采纳。

省政协经济委员会调查组

1995 年 1 月 14 日

2. 任选一份简报，按文后要求答题。

（1）为该简报写一条评论或导语。

（2）概括前言部分的内容。

（3）给简报的每一段写上段旨句。

3. 阅读下面一篇信息，并做下列练习：

（1）请为该信息标一个单行题的标题。

（2）该文为领导决策层提供了什么新信息？

（3）该文对内容采取了什么写作方法？试作简要分析。

近年来，随着国际旅游业的发展，国际旅游市场出现了一些新的动向和特点，主要是：亚太地区国际旅游业迅速兴起，国际客源流向逐渐东移。

据统计，该地区接待国际游客占国际旅游市场总客流量的比重，由19××年的5.1%上升到19××年的8.8%。

国际旅游形式向多层次、多样化发展，过去那种单纯游山玩水的消遣性观光旅游正在逐渐为形式多样、内容丰富的多样化旅游项目所取代。具体说来又可分为两大部分：一是新颖、独特的娱乐性旅游。如探险、滑雪、登山、狩猎、骑马、钓鱼、烹饪、武术及森林旅游、汽车旅游、摩托车旅游等等，名目繁多，引人入胜。二是层次有别、内容各异的专题旅游。如会议旅游、奖励旅游、新婚旅游、休闲旅游、疗养旅游、宗教旅游及各种专项旅游等等。

团体包价旅游与个体散客旅游同时并存，互为补充，竞相发展。目前，团体包价旅游仍是出国旅游，特别是远距离旅游所采用的一种方式。但近年来，各国游客的旅行目的、形式和构成均发生了变化，不少游客不愿受集体活动的约束，进行自由的、富有浪漫色彩的旅游。目前这种个体散客旅游在欧美发达国家十分盛行，所占比重较大，一般约在80%，而亚太地区国家海外旅行的个体散客旅游所占比重不大，但从发展趋势来看，正在逐年增加。在今后一个时期内，二者将互为补充，竞相发展。

七、写作题

1. 对所在学校进行调查，写一篇反映学员课外阅读状况的调查报告。

2. 阅读下面所给材料，从中选取恰当的材料写一篇简报，只写简报的正文部分。

（1）自中国在1985年出现第一例艾滋病例，中国的艾滋病感染病例在30年间快速增长。截至2015年6月30日，中国累计报告艾滋病感染病例715051例，死亡169300人，其中性传播逐渐成为HIV病毒感染的主要途径，男男同性性行为群体，尤其是在青年人的男同群体成为艾滋病感染高危人群。

1985年6月，一位阿根廷游客在入住协和医院不久后死亡，后被证实为中国境内出现的第一例艾滋病。

而中国本土最早集中爆发的艾滋病例出现在云南。1989年，缅甸、泰国当时的艾滋病流行。一位云南省卫生防疫站艾滋病科的科长在戒毒所里采集了50例血液样本，发现26例呈阳性，事情一下子变得严重起来，接下来全部排查后查出了146例艾滋病感染者。其主要感染途径都是注射吸毒。到了20世纪90年代，河南、安徽、湖北等中部地区的卖血群体曾集中爆发艾滋病疫情。这两个群体一直以来都是中国艾滋病疫情的重要防控群体。

1985—2005年间，毒品注射传播和血液传播分别占HIV病毒感染的44.2%和29.2%。中国医科大学尚红教授与清华大学艾滋病综合研究中心张林琦教授今年10月在《国家科学评论》(National Science Review)发表的研究显示：10年前的数据表明，中国HIV病毒的传播范围很大程度上被限制在一些高危人群中，包括静脉注射吸毒人群、曾经捐献过血液和血浆的人。最新的调查表明，性传播已经成为最主要渠道，HIV病毒的传播范围已经不断扩散至男男性交者以及女性性工作者，中国的艾滋病感染者已经不再局限于传统高危人群，而逐渐延伸至普通人群。

监测数据显示，毒品注射传播和血液传播两种方式在2015年的新增HIV病毒感染病例中的占比已下降至5.3%和0.04%。根据中国疾病预防控制中心艾滋病性病预防控制中心公布的数据显示，性传播造成的新增HIV病毒感染人数占比从1985—2005年间的11.6%增至2015年的92.5%，成为HIV病毒最主要的传播途径。其中，男男同性性行为传播数据从0.3%激增至27.2%，增长近91倍，而同时期的异性性行为传播增长为6倍。

中国男男同性群体中的HIV阳性携带者只有很少一部分(4.9%)对其一夜情的性伴侣告知其感染艾滋病的实情，相比之下，配偶和固定性伴侣的知情率为44.1%～43.9%。与此同时，该群体分别有45.7%、10.9%的人与同性恋者、异性恋者发生过没有保护措施的性行为。

(2)《中国青年报》的报道显示，2014年，全国15～24岁年龄段新增报告艾滋病人数为1.5万多人。今年最新的数据也显示，中国青年学生艾滋病疫情增长较快。中国疾控中心性病艾滋病防治中心主任吴尊友表示，2015年1到10月，已有1.4万多人感染艾滋病病毒，与去年同期相比增长了10%左右，而“2011年到2015年，我国15～24岁大中学生艾滋病病毒感染者净年均增长率达35%(扣除检测增加的因素)”，且65%的学生感染发生在18～22岁的大学期间。

2015 年 11 月 26 日，在清华大学举行的世界艾滋病日主题宣传活动上，国家卫生计生委副主任崔丽指出，青年是中国艾滋病防治工作的重点，“2015 年 1～10 月份共报告 2662 例学生感染者和病人，比去年同期增加 27.8%”。

(3) 2016 年 9 月 14 日，南昌市疾控中心发布通告称，至 2016 年 8 月底，南昌全市已有 37 所高校报告艾滋病感染者或病人，共报告存活学生艾滋病感染者和病人 135 例，死亡 7 例。同时，近年来南昌市青年学生 HIV/AIDS 病例快速增加，近 5 年疫情年增长率为 43.16%；2011—2015 年新发学生病例中，男男同性性传播占 83.61%，同性性传播已成为青年学生感染艾滋病的主要途径。

事实上，这一现象不仅出现在南昌，在全国范围，艾滋病在高校男同性恋群体的感染率也在逐年递增。根据国家卫计委公布的数据，2014 年，青年学生艾滋病感染者占青年感染人群总数的 16.58%，而 2008 年为 5.77%，增速快于其他年龄段人群。其中，性传播是主要途径，据调查，青年学生中通过男男性传播感染已达 81.6%。

第十章 日常事务文书

一、判断题

1. 启事不具备法令性，因此不具备公文的强制性和约束力。（　　）

2. 启事的标题一定是事由加文种构成。（　　）

3. 启事的标题可以只用事由表示。（　　）

4. 招领启事应把拾到物品的详细情况，如物品的规格、数量、型号、特征等写清楚以便认领。（　　）

5. 寻物启事，需把所寻之“物”的特征写详细、具体。如“物”的记号、形状、颜色、数量、名称等，并且丢失“物”的具体时间、地点也要交代清楚。失者与拾者联系的方式、地点，失者酬谢的轻重都须写明白。（　　）

6. 启事都需要有周知的目的。（　　）

7. 声明侧重表明态度、宣告失败、作废、后果不负。而启事则侧重在告知的基础上希望人们给予协助办理。（　　）

8. 感谢信的结尾常用惯用语“此致敬礼”。（　　）

9. 公开信的受文对象只能是集体。（　　）

10. 公开信与私人信件最大的区别在于是否具有保密性。（　　）

11. 慰问信是慰问，因此不能表彰。（　　）

12. 慰问信只可赞扬，公开信只能表示自己的态度。（　　）

13. 倡议书、公开信都可以提出倡议。（　　）

14. 关于熊猫节吉祥物启事。（　　）

15. 启事、声明必须加盖公章方能生效。（　　）

16. 倡议书所倡导的事情应该是公众所关心的、有时代感的，否则引不起更多人的响应。（　　）

17. 贺信祝贺的事项，感谢信感谢的事项都必须实事求是，反对言过其实。（　　）

18. 欢迎词、欢送词、答谢词使用的场合是相同的。（　　）

19. 欢迎词、欢送词、答谢词的写作都要讲究礼貌，一般不把分歧意见写进去。（　　）

20. 讣告是一种报丧的书面通知。（　　）

21. 感谢信、慰问信都有表扬的成分。（　　）

22. 请客用请柬，请别人承担某项工作或担任某一职务用聘书。（　　）

23. 讣告的结尾须用惯用语“××同志永垂不朽”。（　　）

二、单项选择题

1. 写作启事的要求不包括（　　）。

A. 一事一启　　B. 讲究时效　　C. 内容单一　　D. 语言通俗

2. 下面告知性内容可以写成海报的是（　　）。

A. 成都××电视台将招聘采编人员

B. 明日电影广场为新生免费放映电影《老炮儿》

C. ××公司公款被盗

D. 为庆祝教师节，学生向教师写信表示祝贺

3. 下列材料不适合写感谢信的是（　　）。

A. 王×生病，团支书代表全体团员去看望。

B. ××教授逝世，校党委、校行政、校工会及治丧委员会的代表去××教授家里吊唁，并安慰家属。

C. 青工刘×骑自行车去上班，快到厂门口的时候，被一辆飞驰而来的摩托车撞伤头部，当场晕倒在地，肇事者将其送去医治。

D. ××希望小学获得××大学学生会赠送的图书两千册。

4. 下列材料不适合写贺信的是（　　）。

A. 某工程胜利竣工　　B. 某教师教学生涯50周年纪念

C. 陕西省宗教工作会议闭幕　　D. 某公司总经理在北戴河休假

三、多项选择题

1. 启事的载体有（　　）。

A. 广播　　B. 公共场所张贴栏

C. 报章杂志　　D. 电视

E. 文学作品

2. 下列标题中，正确的有（　　）。

A. ××公司招聘启事

B. ××厂保卫科失物招领启事

C. ××学校办公室失物招领启事

D. 寻人启事

E. 迁址办公启事

3. 下列事项中可以使用声明的有（　　）。

A. 用声明维护自身的合法利益

B. 某酒家庆祝开业，在报上登开业声明

C. 工作证掉了，在报上登遗失声明

D. 企业要发展、扩大，将对公司改名，在报上登更名声明

E. 某招聘人员不遵守合同，履行职责，公司在报上对其作除名声明

4. 下列事项中可以使用慰问信的有（　　）。

A. “五四”来临之际对青年朋友们进行慰问

B. 向在灾害中蒙受损失、面临巨大困难的个人或集体进行慰问

C. 向在各条战线做出巨大贡献的集体或个人进行慰问

D. 向在校学生进行慰问

E. 向获得别人关心、支持的人进行慰问

5. 慰问信的内容可以是（　　）。

A. 表彰　　B. 节日祝贺

C. 批评　　D. 安抚

E. 鼓励

6. 请柬结尾的礼貌用语有（　　）。

A. 敬请光临　　B. 务必准时出席

C. 敬请惠顾指导　　D. 特此通知

E. 敬请届时出席

7. 写作请柬的要求是（　　）。

A. 写清楚请谁　　B. 写清楚邀请参加的活动

C. 写清楚祝颂之词　　D. 写清楚参加活动的时间、地点

E. 写清楚谁请

四、填空题

1. 对张贴的启事以示负责，可以____________________。

2. 启事不具有公文的强制性和约束力，多具有________、________、________。

3. 海报用于公布________、________、________和展览等信息。

4. 海报结语可用一些________、________的词语。

5. 王××在校园里拾得皮包一个，他去校园的中心张贴栏，贴上了一份________，并看见秋季男子足球“雄狮杯”赛即将开赛的________。

6. 北京大学王××教授将前往四川××大学××研究所做×××××学术报告，请向他发出________。

7. 讣告是一种________的礼仪文书。

8. 欢迎词的语言要求有________、热情。既尊重对方，又不卑不亢。

9. 答谢词正文应首先写明____________________，然后主要写________________，结尾再次对____________谢意。

10. 讣告一般是由____________、________向社会、生前友好发出。

五、简答题

1. 启事与通知有何区别？

2. 启事与海报有何不同？

3. 启事与声明有何不同？

4. 招领启事与失物启事有什么不同？

5. 感谢信与慰问信有何区别？

六、阅读分析题

1. 请指出下面一则启事的错误，并改正。

我系大三学生李××于昨日下午在图书馆三楼阅览大厅进门靠窗的第一书桌，拾得书包一个，内有教材《中学语文教学法》一本、《教师道德》一本、《心理学》一本、红色塑料皮笔记本一本、人民币158元。请失主前来认领。

系办公室

20××年×月×日

2. 指出下面请柬的错误，并加以改正。

请　柬

××同志：

定于2016年6月28日8时30分在风雨操场举行毕业晚会。请准时入场。

××学生会

2016.6.28

3. 阅读下面几例材料，请指出它们属于哪一种公务书信。

例一：

我们这次在你校毕业实习期间，得到你无微不至的关怀。领导亲自为我们安排宿舍，并多次来寝室问寒问暖，指导实习的老师为我们修改教案到深夜。初二年级的同学为配合我们的实习，踊跃参加我们的教研活动……

应属________

例二：

××××大学中文系××老教授去世，该系派出两位教师、三位同学代表全体师生前往教授家吊唁，其家属写信表示谢意。

应属________

例三：

××市××局财务处张××同志于2016年9月曾在××××大学干部专修班读书，成绩优良，获"优秀学员"荣誉称号，财务处全体同志写信祝贺。

应属________

七、搭配题

1. 下面是几种公务文书、礼仪文书及其受文对象，请用线条把它们的关系联系起来。

贺信	需要证实身份者
感谢信	需要安慰、鼓励者
慰问信	取得重大胜利与成绩突出者
证明信	获得别人慰问、馈赠者

2. 下面的文种与用语如何搭配才正确，请用线条把它们连接起来。

谨登报申谢	声明
请辨真伪，以免上当	请柬
此致敬礼	启事
敬候莅临	讣告
谨此讣闻	感谢信

八、写作题

1. 中国足球队冲出亚洲，取得跨进世界杯决赛圈的资格，请向他们写一封祝贺信。

2. 校学生会为庆祝“五四”青年节将于5月4日晚上7点到10点在新礼堂举行舞会，请为此写一份海报。

3. 教师节来临之际，请给全校老师写一封感谢信。

4. 春节将至，请给退休老教授们写一封慰问信。

5. 请为××中学代写一份为高一年级聘请语文兼职教师的聘请书。

6. ××大学中文系2012级毕业同学于6月25日举行毕业晚会，请以此写一份邀请全系教师参加晚会的请柬。

7. 针对下面这封贺电，以中国体育代表团的名义，写一篇感谢信。

中国体育代表团：

欣闻在第31届里约奥运会女排决赛中，中国女排不畏强手、坚忍不拔、奋力拼搏、勇夺金牌，再次登上世界女排之巅，充分诠释了光荣的女排精神，为祖国和人民赢得了荣誉。在此，中共天津市委、天津市人民政府谨代表全市人民向中国体育代表团和中国女排全体运动员、教练员表示热烈祝贺！

在本届奥运会上，天津体育健儿作风顽强，奋勇争先，屡创佳绩。女排运动员魏秋月随国家队出征，与队友团结协作，敢打敢拼，永不言弃，一路过关斩将获得冠军。举重运动员吕小军打破抓举奥运会纪录和世界纪录，获得举重比赛银牌。我市与兄弟省市联合培养的女子跳水运动员施廷懋勇夺单人三米板和双人三米板两枚金牌；女子摔跤运动员孙亚楠、张凤柳分别夺取48公斤级和75公斤级铜牌。在他们身上所展现的信念坚定、敢于担当、奋发进取、为国争光的精神风貌，使全市人民深受鼓舞，感到骄傲和自豪。

衷心祝愿中国体育健儿在今后的比赛中再接再厉、再创佳绩，为祖国和人民争取更多荣誉！

中共天津市委

天津市人民政府

2016年8月21日

8. 请把下面这封感谢信改写为银行在答谢客户联欢会上的答谢词。

尊敬的广大客户：

××银行自××××年成立以来，一直得到您的大力支持和帮助，值此圣诞和元旦两大节日即将来临之际，为了感谢您这十余年来对××银行的支持与厚爱，××银行全体员工谨向您表示衷心的感谢和美好的祝福！

在××银行过去十余年的发展历程中，您，我们尊敬的客户，给予了我们无比的力量，在您的大力关心与支持下，以及××全体员工的勤奋努力下，我们凭借优质的服务，良好的信誉，取得了一个又一个的辉煌成绩。

饮水思源，我们深知，××银行所取得的每一点进步和成功，都离不开您的关注、信任、支持和参与。您的理解和信任是我们进步的强大动力，您的关心和支持是我们成长的不竭源泉。您的每一次参与、每一个建议，都让我们激动不已，促使我们不断奋进。有了您，我们前进的征途才有源源不绝的信心和力量；有了您，我们的事业才能长盛不衰地兴旺和发展。

为答谢多年来您对我们的支持、信任和帮助，借此岁末年初之际，我们将开展优质服务活动，用真情来回报您，届时您到我行来办理业务，将会让您得到一份惊喜！

在今后的岁月里，希望能够继续得到您的关心和大力支持，欢迎到我行办理储蓄存款、教育储蓄、通知存款、外汇存款、个人汇款、银行卡、网上银行、电话银行、购买国债、代收电话费及各种代收业务。客户满意是我们永恒的追求，我们将继续为您提供最真诚的服务。

再一次感谢您的帮助和支持，恭祝您身体健康！阖家幸福！事业兴旺！万事如意！

××银行

20××年××月××日

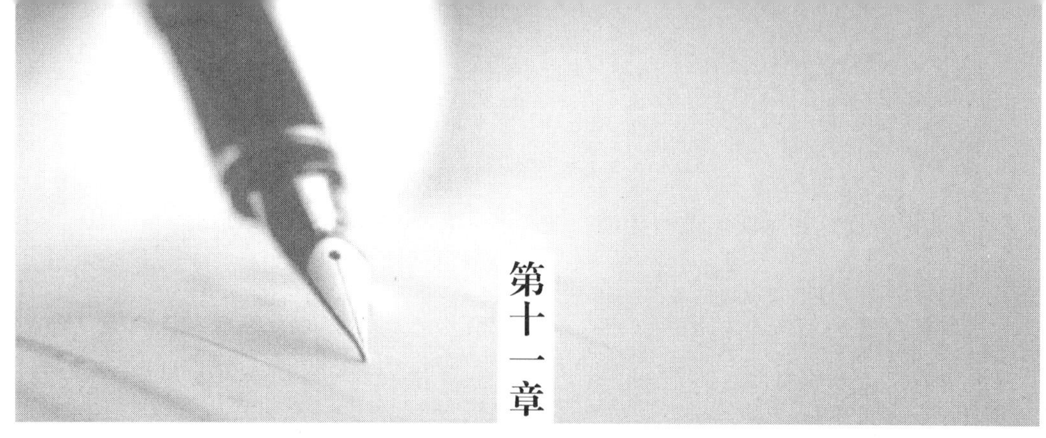

第十一章 学术论文

一、判断题

1. 学术论文是探寻真理，揭示客观规律，传播新观点、新学说的工具和手段，它要求作者要积极主动地探索真理，要善于发现新问题，解决新问题。（　　）

2. 要写好学术论文，有人认为选题不是最重要的，只要言之有据、言之成理就能达到写好论文的标准。（　　）

3. 写作学术论文搜集资料很重要，在获得的第一手材料、第二手材料的基础上，对材料进行分析研究，通过联系、推理、判断，获得的新材料，是高层次的材料，是产生新见解的基础。（　　）

4. 写作学术论文的提纲，可采用标题式写法，用极简要的语言，像小标题，把各部分内容概括出来。（　　）

5. 学术论文的标题，从内容上分有揭示论点的标题和揭示课题的标题。《论“经济方面的政治”》是揭示论点的标题。（　　）

6. 写作学术论文时，对于容量大、篇幅长的论文，可选用横式结构，即并列分论式结构。它是指本论部分各层次之间的关系是并列的，围绕中心论点，从各个角度提出问题，用分论点论证中心论点。（　　）

7. 学术论文对注释引文出处的一般顺序是：书名或篇名，著者，出版年月，出版者，页码。（　　）

8. 参考文献目录是学术论文的附加部分，它表明作者治学严谨，观点、材料有案可稽，也是对前人科研成果的尊重。（　　）

9. 毕业论文是学员独立完成的，是学习情况的总结，体现着学员的综合素质。（　　）

10. 在写作学术论文、毕业论文时，都要首先确立好中心论点。确立中心论点时，要做到正确、准确、创新。（　　）

11. 毕业论文的选题应以量力而行为基本原则，要突出自己的“优势”。选题时，还要考虑到自己的兴趣。（　　）

12. 毕业论文的论证，要集中力量，挖掘论题的本质和规律性，把论点论透。要做到这一点，应避免灵活多样的思维方式，以达到论证有深度和广度。（　　）

13. 参加论文答辩时，态度应诚恳谦虚。遇到认识有分歧的情况，应据理力争，寸步不让，不达目的不罢休。（　　）

二、单项选择题

1. 篇幅长，内容复杂的学术论文，在行文时多选用的结构方式是（　　）。

A. 纵式结构　　B. 横式结构

C. 纵横交叉式结构　　D. 三段论式结构

2. 用理论分析、理论证明，发表对研究对象的理论上的突破、修正、补充、质疑、否定等，这种科技论文属于（　　）。

A. 评论型论文　　B. 实验型论文　　C. 描述型论文　　D. 理论型论文

3. 大学生毕业时为获得相应的学位而撰写论文是（　　）。

A. 毕业论文　　B. 学位论文

C. 交流性的学术论文　　D. 学术论文

4. 毕业论文答辩是由论文审定小组围绕论文，对论文作者公开审查、检查的一种方式。它的第一程序是（　　）。

A. 自述　　B. 问答　　C. 辩论　　D. 宣布结果

三、多项选择题

1. 获得论文写作材料的途径很多，一般选用的方式有（　　）。

A. 充分利用图书馆　　B. 向指导教师索取

C. 利用工具书　　D. 参加调查、实验等获得材料

E. 做读书笔记

2. 学术论文拟写后，应做修改，修改可以从（　　）几方面着手。

A. 审视论文论据　　B. 事实数据

C. 审查结构　　D. 推敲用语

E. 斟酌论点

3. 参加论文答辩应做的准备有（　　）。

A. 预设答辩方式　　B. 心理准备

C. 资料准备　　D. 保持充沛精力

E. 答辩程序准备

四、填空题

1. 学术论文是专门探讨和研究某一学术领域中有一定________或________的问题，发表自己有________的见解，表述科研成果的文章。

2. 学术论文的特点为________、________、________、________和平易性。

3. 学术论文课题的类型有________研究课题和________研究课题两大类。

4. 为写作论文收集材料的方式很多，可以通过________、________、________获得第一手材料。

5. 学术论文的写作提纲是论文的内容和联系的提要。写作提纲一般包括________、________、________等项目。

6. 学术论文一般在下方署上论文作者的姓名，它表明________和________。

7. 学术论文写作基本型，由________、________、________三部分组成。

8. 写作毕业论文大体要分为三个阶段，一是准备阶段，包括________、________，收集材料；二是研究、写作阶段；三是________阶段。

9. 选作论据的材料，本身的________性必须是已被证实过的。在用来证明中心论点的成立时，能有足够的________、________、________。

10. 科学论文是某一学术课题在________、________或观测性上具有新的科学研究成果或创新见解和知识的科学记录。

11. 由于不同类型科技论文对正文行文要求不同，所以正文部分内容无法统一规定，但一般应有两部分内容：________、________。

12. 毕业论文答辩时，必须做到内容正确清晰，自述有明确的________性、________性、________性，回答要有________性，避免答非所问。

五、阅读分析题

阅读下面一篇论文，然后按要求做题。

中国加入世贸组织后澳门面临的机遇与挑战

中国加入WTO，将进入一个新的经济转型产业分工周期，并对周边地区经济产生深远影响。澳门和香港、台湾一样，是世贸组织中单独的成员。在内地加入WTO后，澳门将会有一些新的机遇，同时也面临挑战。

过去，内地因为技术管理、市场讯息、市场运作机制等与其他国家差距大，给澳门提供了担当对外经济往来“桥梁”的机会。内地加入世贸后，在一段时期内，澳门仍会担负这样的角色，内地仍会借助澳门学习国际市场的运作，特别是在一些发展缓慢的领域，如金融和资讯，澳门的经验仍将派上用场。另外，内地企业在入世后的相当长一段时间内，还需部分借助澳门的销售渠道及市场网络进入世界市场。因此，澳门与内地在企业合作经营、共同开发国际市场方面有着较大的潜能。澳门自己也可以在这个过程中吸取经验，改造自身，发展商机，提高为内地经济服务的水平。

长远来说，内地的生产成本比澳门具优势，因此有望形成内地较专注生产而澳门较专注流通的格局。货物出口一直在澳门的GDP中比重很高，经常维持在30%～35%之间。中国内地成为世贸成员后贸易逐步自由化，这将给澳门出口带来双重影响。一方面，澳门出口一项高度集中在欧盟几个大国和美国，它们共占出口的七至八成。随着欧美经济放缓和进口需求减弱，以及中国内地入世，澳门有机会对出口市场进行较大调整，提高对内地出口的比重，保持其出口加工业的稳定发展。另一方面，中国内地入世后对澳门中介角色最大的冲击可能在货物中转方面。过去澳门和香港一样，是内地进出口的重要中转港，内地加入世贸后，管理制度和政策方面的障碍会逐渐消除，加上内地运输港口的不断发展，很多货物可以直接在内地出口，澳门在这方面的传统优势将逐步削弱。不过，入世后内地贸易量将逐年放大，长远说，对中转港的需求仍然殷切，而澳门拥有非常强大的国际贸易关系，是21个官方和非官方组织的正式或附属成员，与155个国家、地区签有多边协议，并通过葡萄牙与欧盟维持良好贸易关系，因此澳门在相当长时间内仍然会发挥相当重要的中转角色。

澳门经济的重头是旅游博彩业。澳门旅游业者预期，内地入世后，将有相当多具财力的外资旅游集团进军内地，内地居民会有更多选择，而澳门的旅行社规模较小，因此中长期会受到一定压力，旅游业未来遇到的挑战大于机遇。目前澳门的三大客源，包括香港、内地及台湾市场，共占总客源量93%。澳门统计局资料显示，去年仅内地游客已近230万人次，占总客源的近四分之一。澳门旅游业人士表示，澳门旅游市场之所以能够吸引如此庞大的客流量，某种程度上是因为内地没有入世，出境游市场开放有限，目前中国内地只对14个国家开放出境游市场。但内地入世后，市场全面开放，情况就会有所不同。根据世贸谈判结果，到2003年，内地将允许旅游公司由外资控股，2005年外资就可以独资经营，届时大举进入内地市场的外资旅行社不仅可以经营内地市场的旅游业务，还可以把内地游客吸引到境外。内地居民出外旅游的选择性更大，港澳地区的吸引力就相对减少，预期澳门旅游市场中长期会有一定压力。在进入内地市场方面，目前澳门旅行社大多规模有限，50人以上的旅行社，全澳门只有三家。虽然现在港澳旅行社可以通过与内地旅行社合资，在内地经营旅游相关业务，但受财力所限，今后仍难与欧美有实力的旅游集团竞争。不过澳门旅游业者认为，澳门旅游业在内地入世后仍拥有部分优势，如内地与澳门旅行社拥有长期合作关系，所以通过澳门进行业务操作的机会仍在，尤其是在管理方面。此外，如澳门可加强由第三国经澳门进入内地的航机服务的话，澳门本地旅游业也可以取得可观的业务量。另外，澳门博彩业即将开放，将带动本地投资和旅游设施建设，长期看是个利好因素，通过服务设施和服务水准的提高，应能弥补部分客源的损失。

1. 分析这篇论文用了哪些材料来证明论点，并做资料卡片。

2. 根据学术论文的写作要求，评析这篇论文。

六、写作题

1. 根据所学专业、兴趣，选定论文的中心论点、论据、论题，拟写论文的写作提纲。

2. 根据下列论题，搜集相关资料，编写论文提纲。

（1）知识经济发展中传统观念的变革

（2）生态是生产力之父

（3）论近代西方哲学思维方式的转换

（4）消费引导对扩大内需的促进作用

（5）发展高新技术应防止“自动化陷阱”

（6）新形势下增加农民收入的基本思路

（7）中药现代化——多学科参与的系统工程

（8）散文创作离文学越来越远

（9）教育投融资体制亟待突破

（10）应建立策划编辑机制

（11）奥林匹克运动与文化艺术

（12）“互联网＋”在我国的发展

（13）应当重视“道德风险”研究

（14）净化绿色网络空间的思考

（15）以“双创”（大众创业、万众创新）促进经济社会发展的思考

第十二章 经济文书

一、判断题

1. 凡经济文书都是在经济工作中，在经济领域内所形成的，其写作目的都是为了处理某一具体经济事务，完成某项具体经济工作而行文的。（　　）

2. 在长期的实践中，经济文书形成了约定俗成的格式。（　　）

3. 经济合同的标的是完成“商品——货币”的交换。（　　）

4. 对经济合同的格式，国家工商局和有关部门制定了统一的规范化的文本样式，因此大多数类型的合同要按文本样式书写，少部分可以根据需要自行安排格式。（　　）

5. 合同签订的当事人，可按双方的约定指代为“甲方”“乙方”，或“你方”“我方”。（　　）

6. 经济合同中的标的质量可按国家标准、行业标准等技术标准来标示。（　　）

7. 经济合同的条款必须明确具体，措辞要准确，标点无误。为保证合同能够履行，发现合同中的不妥，要马上在合同上涂改修订文稿。（　　）

8. 经济活动专题分析报告内容单一，中心明确，写作时间不固定，可根据需要编写。（　　）

9. 经济活动动态分析法是根据分析对象和目的，把有关经济指标或反映有关发展水平的动态指标，按时间顺序排成动态序列进行分析，从中分析其经济活动及过程。（　　）

10. 经济活动分析报告在写作基本情况部分，不能选用开门见山式的写作方法。（　　）

11. 经济预测报告既是调查报告的一种特殊形式，又是重要的经济信息。（　　）

12. 直观型预测是依据社会发展需要，设置未来的模式，然后再从这个未来的模式回溯到现在，预测从现在到实际设想的模式所需要的时间、方式和条件。（　　）

13. 经济预测报告正文的“现状”部分，要利用资料和数据对预测的历史和现状进行说明。（　　）

14. 在经济飞速发展的时代，经济预测报告应及时快速，否则会降低预测报告的价值。（　　）

15. 经济预测报告的语言讲究客观准确，在表述事物发展的可能性、必然性时，可用模糊判断语态。如：大概、可能、必定、势必等。（　　）

16. 市场调查报告一般不能为企业提供信息、数据，只是个别情形下才能为企业服务，促进生产发展。（　　）

17. 探测性市场调查是为了进一步深入调查的具体内容和重点而进行的非正式的初步调查。（　　）

18. 市场调查报告的前言部分，有的只简述市场调查报告的主旨，为了突出调查主旨，不能用简练的语言写作这部分。（　　）

19. 商业广告随着社会的发展，科学的进步，在制作时，文字、画面、音响、实物多媒体结合，有较强的逼真性和艺术感染力。（　　）

20. 商业广告可以给一个企业，甚至整个地区带来经济、商业上的大发展，它可以帮助企业拓展经营范围。（　　）

21. 通过邮局寄出的广告是交通广告。（　　）

22. 确立广告的主题是拟写广告的首要问题。（　　）

23. 广告写作非常重视标题，直接标题可以直截了当地传递出广告的主要内容，也可以不直接介绍商品，而只是暗示读者、消费者。（　　）

24. 审计报告可以为领导机关的决策提供相关依据，为政策法规的完善提供相应的参照系数。（　　）

25. 查账报告不仅局限于对财务报表的分析、判断，还可以从宏观的角度考核被审计单位财经工作的效果。（　　）

二、单项选择题

1. 以国家现行经济政策和经济理论为指导，根据会计、计划、统计、业务核算等资料对某一部门、企业的全部或部分经济活动状况进行科学的分析和评价，这种文体是（　　）。

A. 市场调查　　B. 经济预测

C. 经济活动分析　　D. 审计报告

2. 从数量上把一个综合经济指标分解成各个因素，分析因素的变化对经济发展影响程度，这种分析方法是（　　）。

A. 比较分析法　B. 因素分析法　C. 动态分析法　D. 定性分析法

3. 根据人的感觉、经验、知识和综合能力，就诉诸视野和直接接触到的客观事物进行预测是（　　）。

A. 反馈型预测　B. 探索型预测

C. 规范型预测　D. 直观型预测

4. 覆盖面宽，发行量大，读者面广，传播迅速，表现形式多样，留存时间长，便于重复阅读和查存的广告形式是（　　）。

A. 广播广告　B. 杂志广告

B. 电视广告　D. 报纸广告

5. 广告创意首先要确立主题。如果广告的主题是围绕商品的特点，与同类产品在构造、性能等方面的新异之处展开，那么这则广告处于商品的（　　）。

A. 创牌期　B. 成长期

C. 成熟期　D. 保誉期

6. 写作广告正文时，用简洁而平实的语言，开门见山地介绍商品，是（　　）广告。

A. 新闻体　B. 证书体

C. 简介式　D. 文艺体

三、多项选择题

1. 经济文书中，属于预测性文体的有（　　）。

A. 市场调查报告　B. 经济新闻

C. 经济预测报告　D. 经济合同

E. 经济活动分析报告

2. 经济合同的特点是（　　）。

A. 合法性　B. 专业性

C. 政策性　D. 对等性

E. 规范性

3. 经济合同的“违约责任”包括（　　）。

A. 公开道歉　B. 赔偿金

C. 违约金　D. 法律制裁

E. 承担义务

4. 经济活动比较分析法在具体比较时，可以从（　　）等方面进行。

A. 比计划　　B. 比历史
C. 比先进　　D. 比方式
E. 比策划

5. 经济预测报告的正文包括（　　）三部分。

A. 前言　　B. 现状
C. 预测　　D. 建议
E. 结语

6. 审计报告的主体主要是写（　　）方面的内容。

A. 参加审计工作的人员　　B. 审计中发现的问题
C. 审计的依据　　D. 审计的背景
E. 对被审计单位或项目的评估、意见

四、填空题

1. 凡在经济活动中使用的各种专业性很强，直接用于该领域的应用文称为________。

2. 经济文书的特点是内容的________，表达的________，文体的________，撰制的________。

3. 经济合同是法人或其他具有________，为实现一定的经济目的，明确相互的________而共同订立的________。

4. 经济合同的撰写要严格遵守《________》的各项规定，在合同的内容、形式、主体等方面，要符合国家的法律、法规、政策。

5. 经济合同的当事人在法律上是平等的，双方的权利和义务是________。

6. ________就是合法当事人不能履约或不能完全履约时，所要承担的经济和法律后果。它包括________、________和其他承担责任的法律形式等。

7. 全面经济活动分析也叫________、________。它是对一个单位或部门在一定时期的经济活动做整体性分析，作出全面、系统、综合的分析。

8. ________分析法是经济活动中最基本、广泛使用的方法，也是________分析中最常用的方法。

9. 经济活动分析报告的标准式标题应包括四个要素，即________、________、________和________。

10. 经济预测报告是以________为指导，运用科学的方法，从________的角度对未来的市场发展趋势作出________的应用文。

11. 经济预测报告的正文一般包括三部分，即__________、__________与__________。

12. 市场调查报告也称__________，是以市场为对象，运用科学的方法，有目的、有计划地对市场做“________、________、________、________”等几方面的调查，探索市场变化的规律，而写出的书面材料。

13. 写作市场调查报告首先要确定调查目标、调查________、________，然后搜集调查的________。

14. 从广告的直接目的来分，广告可分为不以营利为目的的广告，如________广告；还有以营利为目的的广告，如商品推销广告。前者属于________广告，后者是________广告，也叫商业广告、________广告。

15. 广告具有________、________、________的特点。

16. 广告的作用表现为________，拓宽产销渠道；________，拓展经营；________，促进经营管理；________，创收增汇。

17. 审计报告具有________、________、________等特点。它可以为有关领导部门制定政策提供依据，也是审计机关履行职能的手段。

18. 查账报告是查账员通过对被查机关、企事业__________的检查分析，确认其财务状况的________、________而向被查单位或委托查账单位报告查账经过和结果的书面文件。

五、阅读分析题

1. 根据经济预测报告的写作要求，对下文进行分析。

国内消费品市场继续保持两位数的增长

2013 年是中央政府换届之年，中央政府继续加快推进经济结构调整和转型升级，创新宏观调控方式，成功保持了经济的平稳增长。2013 年前三季度国内生产总值（GDP）同比增长 7.7%，增速与 2012 年同期持平，在全球各个经济体中继续保持领先，达到全年 7.5%的预期经济增长目标已毫无悬念。

在经济平稳较快增长的同时，国内消费品市场继续保持两位数的增长，但较上年增速有所回落，消费对经济增长的拉动力仍居三大动力之首，但力度有所减小。2013 年 1～10 月，社会消费品零售总额实现 19.0308 万亿元，同比增长 13%，名义增速比 2012 年同期回落 1.1 个百分点，扣除物价因素实际增长 11.4%，比 2012 年同期回落 0.4 个百分点。2013 年前三季度最终消费对 GDP 增长的贡献率为 45.9%，比 2012 年同期低了9.1个百分点。11月份，消费品市场出现加快发展势头，当月社会消费品零售总额达到21012亿元，同比名义增长13.7%，扣除物价因素实际增长11.8%。2013年，中国消费品市场运行主要有以下几个特点：

乡村市场消费增速快于上年，也快于城镇。2013年1～10月，乡村市场消费品零售额同比增长14.5%，比2012年同期提高0.1个百分点，扣除价格因素实际增长12.4%，高于2012年同期0.6个百分点；同期，乡村消费品零售额名义增速和实际增速分别比城镇高出1.8和1.1个百分点。

餐饮业市场增速下降，限额以上企业（单位）收入负增长。2013年1～10月，全国餐饮业营业收入同比增长9%，增速比2012年同期下滑4.3个百分点，其中限额以上企业（单位）餐饮收入同比下降1.7%，而2012年同期是增长12.7%，反差明显。这也是自对该项数据进行统计以来首次出现同比下降。

大型百货店销售增速继续呈下降走势。据中华全国商业信息中心统计，2013年1～10月，全国百家大型零售企业（主要是百货店业态）零售额同比增长9.1%，增速比2012年同期回落0.9个百分点，较同期社会消费品零售总额增速低3.9个百分点。尤其5月以后增速逐月下降，5～10月分别增长11.6%、11.5%、9.7%、8.8%、5.7%和2.7%。

汽车、石油及其制品等对消费增长的贡献继续降低。2013年1～10月，限额以上企业（单位）汽车、石油及其制品零售额的增长仅拉动社会消费品零售总额增长2个百分点，比2012年同期下降0.2个百分点，而该项数据在2010年与2011年分别为5.3和4.3个百分点，形成了逐年下降的走势。“三公”消费大幅减少。从高档白酒、奢侈品、餐饮、酒店、旅游，直到月饼、大闸蟹、贺卡，无不受到冲击或影响。2013年上半年，涉“三公”消费类上市公司的业绩集体下滑。前三季度，五粮液酒净利润同比下滑8.95%，其中第三季度降幅高达52.36%；高端餐馆湘鄂情前三季度亏损3.03亿元，同比降幅高达343.88%。广州珠江新城的高端酒店已有十几家因公务宴请急剧减少而关门，有的礼品印刷公司已印好的年历全部滞销在库，达五六百万元。

小型商业企业保持快速增长。2013年1～10月，限额以下企业（单位）商品零售额同比增长14.8%，比2012年同期加快1个百分点，对商品零售额增长的贡献率为51.9%，比2012年同期提高2.9个百分点；限额以下企业（单位）餐饮收入同比增长14.9%，比2012年同期加快1.3个百分点，对餐饮收入增长的贡献率为106.7%，比2012年同期提高38.3个百分点。这种情况显示大众化消费依然旺盛，对全年消费的贡献增加。

下半年以来物价上涨速度加快，而消费实际增速放慢。2013 年上半年 CPI 同比上涨 2.4%，涨幅低于 2012 年同期 0.9 个百分点，而 6～10 月，每月的 CPI 增速均已高于 2012 年同期，10 月份 CPI 上涨 3.2%，高于 2012 年同期 1.5 个百分点，11 月略有回调，为 3%。

上半年社会消费品零售总额扣除物价因素后实际增长 11.4%，快于 2012 年同期 0.2 个百分点。但 6 月份以后，随着 CPI 上涨速度的加快，每月的实际增速呈下滑走势，而且均低于 2012 年同期实际增速。

中华全国商业信息中心预计，2013 年社会消费品零售总额名义增长将略超 13%，实际增长在 11%以上，均低于上年。市场专家对其中原因作了分析点评：一是中国经济增长速度由高速转为中高速后，相应带来居民收入增长速度的减慢。2013 年前三季度，城镇居民人均可支配收入同比名义增长 9.5%，扣除价格因素实际增长 6.8%，分别比 2012 年同期回落 3.5 和 3 个百分点；农村居民人均现金收入同比名义增长 12.5%，扣除价格因素后实际增长 9.6%，分别比 2012 年同期回落 2.9 和 2.7 个百分点。然而，从 2013 年城乡消费增速均高于收入增速看，居民消费信心和销售增长率仍处在正常范围。二是中共中央出台的“八项规定”、中央军委发布的“禁酒令”等一系列遏制公款消费、狠杀奢靡之风的“组合拳”，致使公款消费大幅下降。据有关资料，30 多年来，我国政府消费占最终消费的比重一直呈上升趋势。上世纪 80 年代在 21%～23%；上世纪 90 年代在 24%～25%；2000～2010 年提高到 26%～27%；2011 年达到 28%；而且从 1978 年到 2011 年，有 22 年政府消费增速高于居民消费增速，这 34 年平均每年政府消费增长率比居民消费增长率高出 1.4 个百分点。专家们一致认为，2013 年遏制公款消费的行动将会一直持续下去，从而使这种不正常的局面逐步得到扭转。三是持续几年的消费补贴政策基本退出，使政策带动起来的消费需求迅速收敛。四是物价的持续上涨、收入增速的减慢以及官方“节俭令”对民间的示范作用，都促使居民消费更趋理性，更偏重实惠适用。特别是“80 后”“90 后”人群已成为消费的主力，他们的消费观念、消费方式与其前辈明显不同，商品价格较低的网络购物成为其最主要的消费渠道。专家认为，这种理性化、讲求实际的消费行为，虽然会使消费增速有所下降，但却是消费心理成熟的表现，有利于促进商业转变营销方式、调整经营结构、实现转型升级。

展望 2014 年，多数专家预测中国消费品市场将继续平稳增长，物价指数会控制在较低水平，但名义和实际增速仍会继续小幅回落；此外，消费品市场上自主消费、理性消费特征也将进一步增强。作出这个判断有以下几点依据：

一、2014年是全面贯彻落实《中共中央关于全面深化改革若干重大问题的决定》的开局之年，为了保证各项改革措施的顺利施行，保持经济平稳增长仍会被放在突出位置，预计经济增长目标在7%以上，中央政府将采取有效的宏观调控和激发市场活力的措施，实现经济的可持续增长，保持居民收入的平稳较快增长。从2013年第四季度情况看，中国经济已呈现出稳中向好的态势，国际经济企稳回升的因素也在增多，从而为2014年中国经济发展和居民收入增长奠定比较牢靠的基础，进而为中国消费品市场继续保持平稳增长创造良好的条件。

二、2014年，中国和中国政府反浪费、反奢靡之风、反腐败斗争的力度会进一步加大。2013年10月，中共中央、国务院印发了《党政机关厉行节约反对浪费条例》，对党政机关经费管理、国内差旅、因公临时出国（境）、公务接待、公务用车、会议活动、办公用房、资源节约等方面作出了全面规范。对2014年中国消费品市场来说，畸形的公款消费、非法的腐败消费必将受到更加有力的遏制。

三、中共十八届三中全会提出，要让“消费者自主选择、自主消费”。这意味着，今后政府用财政补贴刺激城乡居民购买某类商品的政策性消费将彻底退出市场，消费品市场将回归到完全由消费者自筹资金、自主购买的内生性增长。在这种情况下，理性消费的意识及行为必然会有所增强。

四、2013年全年物价上涨幅度控制在3.5%以内已成定局，中央政府确定了既不放松也不抽紧银根和信贷的货币政策，这些都有利于2014年在促进经济平稳增长的同时，继续缓解通胀压力，使居民消费价格上涨受到抑制的同时，消费品销售保持平稳增长。

2. 就你最喜欢的或最不喜欢的一则广告做评说。

六、写作题

1. 利用周末或节假日，对学校周围的商场做服务、价格、销售等方面的调查，根据得到的数据、资料，拟写一份以服务或价格或销售为主题的市场调查报告或经济活动分析报告。

2. 为你喜欢的洗发水或生活用品做一个文字广告文案。

第十三章 企业管理文书

一、判断题

1. 企业管理文书的写作要注意趣味性、欣赏性和给人以美感的可读性。（　　）

2. 国际标准和国家标准都对科技类各种文种的内容、格式、名词术语、处理程序等都作了规范化的明确规定，必须严格遵守。（　　）

3. 企业管理文书的写作并不普遍，接触这类应用文写作的人也并不多，因而企业管理文书并不重要。（　　）

4. 技术鉴定报告是新技术、新成果的证明性文件，也是新产品转入试制和正式投产的具有法律效力的依据。（　　）

5. 产品说明书涉及知识产权问题，因而不应随产品赠送，而应办理手续予以技术转让。（　　）

6. 质量检查报告一定要准确无误地写出检查结果，有一个明确的结论性意见；同时对存在问题产生的原因要进行实事求是的分析。（　　）

7. 企业一旦发生了事故，尤其是伤亡事故，一定要坚持“三不放过”原则，即事故原因分析不清不放过，事故责任者及群众没有受到教育不放过，没有防范措施不放过。（　　）

二、单项选择题

1. 技术鉴定报告的特点是（　　）。

A. 内容有科学性、权威性　　B. 结论权威，评价公正，写作规范

C. 依据国际和国家标准　　D. 多用专业术语

2. 产品使用说明书的重点内容是（　　）。

A. 产品性能指标和主要技术参数　　B. 工作原理

C. 使用方法　　D. 维护与修理

3. 写作事故报告最基础的要求是（　　）。

A. 通过调查取证收集足够材料
B. 实事求是讲清情况和问题
C. 及时写作和上报
D. 要坚持“三不放过”

三、多项选择题

1. 企业管理文书除具有公务文书、经济文书共有特点外，还具有（　　）等自身特点。

A. 内容科学，专业性强
B. 真实可靠，切实可行
C. 简明直观，先进可行
D. 体式规范，文本成熟
E. 图表并用，数据准确

2. 产品设计说明书的正文主要包括（　　）等内容。

A. 设计产品名称和设计人
B. 设计依据和理由
C. 设计目标和要求
D. 设计的技术内容
E. 产品的主要技术参数

3. 下列各项中，符合招标书写作要求的有（　　）。

A. 标的（即招标项目）定得越高越好，越有利于投标企业竞争
B. 内容合法合理，切实可行
C. 重点明确，内容周密
D. 语言表述简明、准确
E. 使用精确语言与模糊语言相结合

四、填空题

1. 企业管理文书是企业管理的________。

2. 企业管理文书的专业性强的特点，既体现在______上，也反映在______上。

3. 企业管理文书主要使用两大表达系统，即________和________。

4. 国际、国家、部颁标准和有关专业、行业规范文本的使用，有利于企业管理文书写作与处理的______、______和______。

5. 设计说明书是设计者对其设计的______或______进行文字说明的技术性文件。

6. 设计说明书分为______设计说明书和______设计说明书两种。

7. 技术鉴定报告是______、______的证明性文件，也是新产品转入试制和正式投产的具有______效力的依据。

8. 技术鉴定分为______级鉴定、______级鉴定、______鉴定、______鉴定，而技术鉴定报告的写法均必须按照______下发的文件要求进行。

9. 按检查对象不同，质量检查报告可分为以下三类：________、________、________。

10. 质量检查报告主要有________和________两种格式。

五、简答题

1. 企业管理文书写作中，非文字表达系统的大量使用有什么优点和要求？

2. 设计说明书有哪些特点？

3. 招标书和投标书的主要区别是什么？

六、阅读分析题

请你从社会上去搜集两篇产品说明书，分析它们是否符合产品说明书的写作要求。

七、写作题

1. 了解某企业产品的情况，试写一份产品说明书。

2. 为企业写一份招标书。

第十四章 诉讼文书

一、判断题

1. 诉讼文书只能由律师撰写，否则法院可以不认可。（　　）
2. 答辩状不属于诉讼文书。（　　）
3. 行政诉状必须是由与事实有直接利害关系的公民、法人或者其他组织提起。（　　）
4. 申诉是对已经发生法律效力的判决、裁定不服提出的。（　　）
5. 上诉有时间限制，申诉则没有时间限制。（　　）

二、单项选择题

1. 刑事自诉状的起诉对象只能是（　　）。

A. 企业　B. 事业单位　C. 公民　D. 国家机关

2. 行政诉状的被告方是特定的，即（　　）。

A. 企业
B. 事业单位
C. 公民
D. 行政机关或法律授权的享有行政权力的组织

3. 民事上诉状是在（　　）时提起。

A. 双方发生纠纷时　B. 判决、裁定未生效时
C. 判决、裁定已生效时　D. 判决、裁定已执行后

三、多项选择题

1. 刑事类诉状可分为（　　）。

A. 刑事起诉状　B. 刑事自诉状
C. 刑事上诉状　D. 刑事申诉状
E. 刑事答辩状

2. 民事类诉状可分为（　　）。

A. 行政诉状　　B. 民事起诉状

C. 民事上诉状　　D. 民事答辩状

E. 民事申诉状

3. 在写作格式上，刑事诉状和民事诉状均包括（　　）。

A. 首部　　B. 请求事项

C. 事实和理由　　D. 尾部

E. 附项

4. 民事诉状的请求事项要求写得（　　）。

A. 明确　　B. 具体

C. 合理合法　　D. 概括

E. 简练

5. 答辩状一般由（　　）组成。

A. 首部　　B. 请求事项

C. 答辩理由　　D. 尾部

E. 附项

四、填空题

1. 诉讼文书格式的规范性特点，主要表现在两方面：一是____________，二是____________。

2. 根据我国《刑事诉讼法》规定，被告人除自己行使辩护权外，还可以委托一至二人作为辩护人。下列的人可以被委托为辩护人：______________________________；______________________________；______________________________。______________________________，不得担任辩护人。

五、简答题

1. 刑事诉状有何特点？

2. 民事诉状有何特点？

3. 民事上诉状的上诉理由应侧重从哪几方面阐述？

4. 上诉状与申诉状有何区别？

六、阅读分析题

阅读下面一份民事诉状，回答文后的问题。

民事诉状

原告：李××，女，32岁，汉族　住××市××路××号

被告：×××房地产开发公司　地址：××市××路××号

法定代表人：秦××总经理

请求事项：

一、判令被告向原告交付房屋及产权证。

二、判令被告向原告支付违约金190080元（大写：壹拾玖万零捌拾元）。

事实和理由：

原被告双方于2014年4月1日订立《合同书》一份，确定由原告向被告付款384000元（大写：叁拾捌万肆千元整），购买被告所承建开发的住宅一套，双方对住宅地点、位置及面积、单价及付款方式、责任及费用、房屋标准、验收和工期及违约金等进行约定，原告依约向被告支付了定金及首期购房款共计288000元（大写：贰拾捌万捌仟元整），履行了约定义务。被告却屡屡违约，其房屋未能依约竣工和交付使用（按购房合同约定，被告应于2014年12月31日交房），房屋质量也不符合合同约定（见附件《××市建筑质量检测站关于××花园质量验收报告》）。经原告多次交涉，被告仍不履行其办理产权证和交付房屋义务，更拒绝承担违约金。至今，该房屋都未能通天然气，连水电等基本设施都未能保障。

原告为维护自身合法权益，在与被告多次交涉未果的情况下，被迫诉至贵院立案受理。明确责任，依法判决被告承担相应的民事责任，以维护消费者的正当权利，确保民事合同法律严肃性。

此致

××市××区人民法院

具状人：李××

2015年5月10日

（1）本案的诉讼当事人有哪些？

（2）该民事诉状在写作基本格式上是否正确？为什么？

（3）该民事诉状的事实理由是否清楚？是否符合写作要求？

（4）如果该民事诉状有不尽完善的地方，请提出修改意见。